勘察设计行业发展趋势与转型实践

刘 军 著

中国建筑工业出版社

图书在版编目（CIP）数据

勘察设计行业发展趋势与转型实践 / 刘军著 . — 北京：中国建筑工业出版社，2021.6
ISBN 978-7-112-26190-1

Ⅰ.①勘⋯ Ⅱ.①刘⋯ Ⅲ.①建筑工程—地质勘探—工业发展—研究—中国 Ⅳ.① F426.9

中国版本图书馆 CIP 数据核字（2021）第 109829 号

在经历了改革开放 40 多年的飞速发展后，我国已经进入了追求高质量发展的新阶段。勘察设计行业作为国家乃至世界经济发展的重要支撑，在新发展阶段的环境下，也将面临新的机遇与挑战。全书紧紧围绕勘察设计行业特色进行分析，从实现企业的高质量发展出发，对勘察设计企业在新发展阶段下的战略选择给出针对性的思路和建议。全书共分为五篇，包括：观大势：中国与世界的和而不同；观行业：勘察设计行业新发展；观市场：区域失衡与城市集群化发展；观战略：差异化战略与能力构建；观实践：打造新发展阶段的工程公司。本书内容精炼，极具针对性和实践参考价值，可供勘察设计行业的高级管理者以及从事工程管理、经济管理、战略管理相关管理人员参考使用。

责任编辑：王砾瑶 范业庶
版式设计：京点制版
责任校对：张惠雯

勘察设计行业发展趋势与转型实践
刘 军 著

*

中国建筑工业出版社出版、发行（北京海淀三里河路 9 号）
各地新华书店、建筑书店经销
北京点击世代文化传媒有限公司制版
北京建筑工业印刷厂印刷

*

开本：787 毫米 ×960 毫米 1/16 印张：11¾ 字数：183 千字
2021 年 6 月第一版 2021 年 6 月第一次印刷
定价：**60.00** 元
ISBN 978-7-112-26190-1
（37687）

版权所有 翻印必究
如有印装质量问题，可寄本社图书出版中心退换
（邮政编码 100037）

前言

在经历了改革开放40多年的飞速发展后,我国已经进入了追求高质量发展的新阶段,既保持着在超大经济体量上的中高速增长,同时也在生态文明建设、法治化进程、数字中国建设等方面同步发力,走上了发展速度和发展质量同步提升的新发展阶段。勘察设计行业作为国家经济发展的重要支撑,在新发展阶段的环境下,也将面临新的机遇与挑战,既面临市场变化与新型城镇化、数字中国建设、生态文明建设等重大机遇,也面临行业竞争加剧的巨大挑战。如何在挑战与威胁中把握新的机遇,是勘察设计行业当前关注的焦点。

笔者结合自身工作实践,在对勘察设计行业发展趋势分析与转型实践进行总结的基础上形成本书。本书共包括五部分,第一部分对国内外宏观环境进行详细分析,鉴于敏感性问题,本书国际宏观环境仅从技术环境入手分析,而国内宏观环境分别从政治环境、经济环境、技术环境、社会环境等方面入手,明确对勘察设计行业发展有影响的政策与趋势。第二部分对勘察设计行业及建筑、市政、水利、电力等细分行业的发展趋势以及特征进行分析,明确各行业的发展趋势及竞争环境。第三部分从市场发展环境入手,对勘察设计行业有重大影响的投资趋势及国家级重大区域发展战略的京津冀、长三角一体化、粤港澳大湾区、成渝经济圈等进行分析,明确各区域的趋势以及投资重点。第四部分从企业角度出发,分析勘察设计行业目前的战略差异化发展趋势以及差异化战略能力的打造措施。第五部分选取了行业内知名大型勘察设计企业的战略转型实践,分析行业内优秀企业在面临行业发展环境变化过程中的主动变革行为及取得的成绩。

本书以新发展阶段下勘察设计行业的转型发展与实践为主线，为推动工程勘察设计全行业转型与升级发展起到抛砖引玉的作用。由于笔者的行业经历及学术水平有限，书中疏漏及不当之处在所难免，敬请广大读者不吝指正。

刘军

2021 年 5 月于东营

目录

第一篇
观大势：中国与世界的和而不同   **1**

1   国际宏观环境   2
2   国内宏观环境   5
    2.1   政策环境   5
    2.2   经济环境   23
    2.3   社会环境   29
    2.4   技术环境   33

第二篇
观行业：勘察设计行业新发展   **39**

3   国际勘察设计行业发展趋势   40
4   国内勘察设计行业发展趋势   42
    4.1   企业及人员规模发展趋势   42
    4.2   业务及业务机构发展趋势   43
    4.3   人均生产效率发展趋势   45
    4.4   细分行业差异化发展趋势   46
    4.5   整合重组发展逐步加速   48
    4.6   跨界竞争日益增多   49
5   国内重点细分行业发展趋势分析   51
    5.1   建筑设计行业发展趋势分析   51

5.2	市政行业环境分析	59
5.3	电力行业环境分析	70
5.4	水利行业环境分析	81

第三篇
观市场：区域失衡与城市集群化发展　　　　　　　　　97

6	区域失衡	98
6.1	东部地区与其他地区的发展不均衡	98
6.2	城市间城镇化发展水平的不均衡	99
7	城市集群化发展分析	101
7.1	京津冀城市群	101
7.2	长三角城市群	112
7.3	粤港澳大湾区	115
7.4	成渝城市群	119

第四篇
观战略：差异化战略与能力构建　　　　　　　　　　**125**

8	差异化战略选择	126
8.1	从复制走向不可复制	126
8.2	从区域垄断走向市场竞争	127
8.3	从同质化服务走向差异化服务	130
8.4	从单一环节发展走向产业链两端延伸	131
9	差异化战略能力构建	133
9.1	差异化组织能力构建	133
9.2	差异化业务能力构建	139
9.3	差异化市场能力构建	140

9.4 差异化生产能力构建 142
9.5 差异化人才能力构建 144
9.6 差异化创新能力构建 148

第五篇
观实践：打造新发展阶段的工程公司 151

10 战略转型实践的背景 152
    10.1 基本情况 152
    10.2 转型发展背景 152

11 战略转型的内涵与创新 159
    11.1 战略转型的内涵 159
    11.2 战略转型的主要特点 160

12 战略转型的主要工作 162
    12.1 总体情况 162
    12.2 主要措施 164
    12.3 创新方式方法 170

13 战略转型的支撑工作 173
    13.1 项目管理信息化 173
    13.2 绩效管理信息化 173
    13.3 经营管理信息化 174

14 实施效果 176
    14.1 管理效益提升 176
    14.2 经济效益提升 177
    14.3 社会效果提升 178

参考文献 179

第一篇
观大势：中国与世界的和而不同

中国是世界的中国。中国与世界经济的深度融合已经成为不争的事实，因此，在国际宏观环境的风云变幻下，无论是贸易保护主义抬头还是主要经济体的刺激性货币政策，都无可避免地对中国的经济发展造成重大影响，全球的科技进步也深刻地影响中国科技创新的步伐。然而，从发展趋势来看，中国与世界的发展趋势不尽相同。在经历了改革开放 40 多年的飞速发展后，中国已经进入了追求高质量发展的新阶段，既保持着在超大经济体量上的中高速增长，同时也在生态文明建设、法治化进程、数字中国建设等方面同步发力，走上了发展速度和发展质量同步提升的新发展阶段。勘察设计行业作为国家乃至世界经济发展的重要支撑，在新发展阶段的宏观环境下，也将面临新的机遇与挑战。

1 国际宏观环境

基础研究使一个国家科技得以持续发展，对于国家科技发展意义重大。在目前的信息技术革命中，量子计算等物理学和数学等基础研究发挥了重要作用。基础研究水平与国家的科技创新水平息息相关，一个国家有影响力的基础研究成果越多，基础科学水平就越高，而基础研究的水平决定了国家科技创新可持续发展的高度。目前许多发达国家已经将基础研究的发展放在了国家战略的高度，例如英国在 1998 年、2000 年和 2001 年发布了三份政府白皮书，均以创新为主题，在以创新为核心的新的国家科技发展战略中，重点强调了重视研究与开发，注重基础研究和国际研究与开发。

近年来，信息技术的发展迅速，信息技术在许多领域都得以应用，将为产业创新提供新的可能。伴随着 5G 等信息通信技术的迅速发展，数字经济化时代到来，并且逐渐向以人工智能为核心驱动力的阶段发展，人工智能逐渐深入到社会生活及生产的各个领域，包括交通、医疗、教育等，智能时代的到来催生了许多新的业态。由于信息技术的重要性，各国在其近些年的创新战略中，均体现出了对发展信息技术的重点关注。美国对信息技术的发展主要体现在 5G 和量子通信方面，2018 年 9 月，美国首次发布了《国家网络战略》，确定了数字领域的创新发展。2018 年 10 月，美国商务部牵头制定了国家频谱战略，旨在加速 5G 在全美的应用。同年，英、法、德等国也聚焦量子信息和人工智能领域发布了国家战略，启动专项规划，落地产业项目等。英国还建立了数学经济中心，成立了网络安全研究机构，加强对云计算的创新。各国的举措均体现了信息和数据在下一轮科技创新浪潮中的重要作用。

尽管颠覆性技术没有明确的发展路径和明确的未来，但考虑到颠覆性技术对经济增长、社会目标和价值观的潜在影响，发达国家已经开始面向未来，积极关注和布局颠覆性技术。在此类颠覆性技术领域，欧洲国家采取了一系列行动。如德国于 2018 年增大了对人工智能领域的研发投入，并宣布到 2025 年在人工智能研究领域投入 30 亿欧元科研经费，全力支持人工智能中心的建设工作。2019 年，美国国会的"独家"智库美国国会研究服务部发布的《第 116 届国会面临的科技问题》中指出政府应加强对颠覆性技术的重视，主要包括社交媒体、云计算、大数据、人工智能（AI）、自动驾驶汽车、区块链、能量存储、基因编辑和物联网等。除此之外，亚洲国家如日本 2019 年也提出了"社会 5.0"（Society5.0）计划，大力支持采用物联网、大数据、人工智能等技术，实现网络空间与现实世界的高度融合，打造更为智能化的社会。

当下，全球互联网行业正在掀起新一轮创新和变革浪潮，随着大数据、云计算等应用取得重大突破，跨界融合趋势明显。制造业与基础设施发展、国家经济发展及人民生活生产密切相关，制造业的发展还奠定了坚实的国防工业基础，对经济繁荣和国家安全至关重要。工业互联网作为互联网与制造业有机结合的产物，将成为科技创新重要武器。各国在新一轮的科技战略中，也纷纷体现了对制造业科技创新发展的重视。

美国早在 2012 年 2 月提出"先进制造业国家战略"，2018 年 10 月发布的《先进制造业美国领导力战略》报告中提出了开发和转化新的制造技术，教育、培训和集聚制造业劳动力，以及扩展国内制造供应链能力的三大目标，展示了未来四年内的行动计划，涵盖了未来智能制造系统、先进材料和加工技术、美国制造的医疗产品、领先集成电路设计与制造及粮食与农业制造业。2019 年 8 月，美国在"2021 财政年度行政机构研究与发展预算优先事项"的备忘录中继续提出了纵向的未来工业领导力，以及横向的培育和利用多元化、高技能的劳动力。

在制造业创新发展方面，英国也投入了 840 万英镑支持 3D 打印技术，在海底焊接技术、生物材料 3D 打印技术、无人驾驶技术等方面也取得了重要成果，积极为制造业的发展注入力量。作为工业制造业大国，德国早在 2013 年 4 月提出工业 4.0，又于 2019 年推出了《国家工业战略 2030》，将工业的发展放到了至关重要的地位，努力保持其相关领域在欧洲甚至全球的领导地位和领先地位。

2014年12月,"中国制造2025"这一概念被首次提出,2015年3月5日,在第十二届全国人民代表大会第三次会议上作《政府工作报告》时正式提出"中国制造2025"的宏大计划。通过中国制造2025战略的逐步推进,中国将会从工业大国变成工业强国。

2 国内宏观环境

2.1 政策环境

2.1.1 国家统筹推进新型基础设施建设，开启城市、农村建设新格局

2.1.1.1 新基建成为国家建设重要战略举措，将加速行业的数字化转型

2020年十三届全国人大三次会议，首次将新型基础设施建设（以下简称"新基建"）写入《政府工作报告》，国家决策层明确提出加快5G网络、数据中心等新型基础设施建设进度的要求，这指明了国家经济建设的全新方向，也预示着一个更强调数字与智能的时代正加速到来。根据国家发展改革委的权威解读，新基建包括信息基础设施、融合基础设施和创新基础设施三方面，涉及5G技术、大数据、人工智能、特高压、充电桩、高速铁路和轨道交通、工业互联网七大领域及相关产业链。

2020年10月，党的十九届五中全会正式审议通过了《中共中央关于制定国民经济和社会发展第十四个五年规划和二〇三五年远景目标的建议》（以下简称国家"十四五"规划《建议》），明确提出系统布局新型基础设施，加快第五代移动通信、工业互联网、大数据中心等建设。大数据中心建设、5G、工业互联网等成为未来国家战略中的一个重要衡量指标。从本质上说，大数据中心为应对5G、人工智能、工业互联网的大数据需求而生，是构成新基建的"基础"。

随着中央及各级政府相继在政策与投资上大力支持新基建的建设，新基建将为多个行业带来新的增长机遇，并激励行业加速数字化转型。据不完全统计，国内多省市相继公布的2020年重点项目投资计划总投资额已接近40万亿元人民币。根据招商证券测算，新口径下新基建在"十四五"期间的投资规模最高可达11万亿元以上。根据北大光华管理学院的统计数据，在接下来的五年内，

新基建和传统基建数字化升级所带来的直接投资将会达到17.5万亿元人民币，由此带动产业链上下游产业规模增加可达到28.8万亿元人民币。在这样的投资浪潮下，工程建设行业将迎来一轮巨大的发展机遇。

2.1.1.2　健全现代化都市圈发展，加快智慧城市建设

（1）注重以城市群为集合的群体协同发展建设，提升优势区域辐射带动作用

国家"十四五"规划《建议》提出"优化行政区划设置，发挥中心城市和城市群带动作用，建设现代化都市圈。"在我国城镇化进程不断推进的背景下，不同地域的城市发展格局已逐渐定格成型，在此基础上，为了更好发挥城市群之间的联动、集群和规模效应，更有效地撬动不同城市之间的发展优势杠杆，更好地提升中心城市的能级与核心竞争力，新型城镇化建设必将更加注重以城市群为集合的群体协同发展建设。通过发挥中心城市和城市群带动作用，提升优势区域的辐射带动作用，健全现代化都市圈的建设。同时，"十四五"规划《建议》中提到，"推进京津冀协同发展、长江经济带发展、粤港澳大湾区建设、长三角一体化发展，打造创新平台和新增长极"。京津冀、长三角、珠三角三大地区以及一些重要城市群形成了全国高质量发展的新动力源，通过中心城市辐射城市群，通过城市群辐射周边城市，进而带动我国经济总体效率提升。

（2）加快智慧城市建设，助推城市高质量发展

智慧城市建设是新兴技术和传统工程建设的结合，对勘察设计行业的变革和转型提出了较高的要求，但同时也带来了巨大的市场空间。借助各类新兴技术，充分发挥智能设计、协同设计优势，拓宽勘察设计行业格局。

随着各地对智慧城市规划的进一步落实，为建筑智能化等业务带来新的增长空间的同时，也为传统建筑企业带来了新的挑战，要求企业提升自身的建筑智能化的能力，以达到智慧城市建设的要求。

2.1.1.3　乡村振兴战略的实施，农村区域基础建设加快、水环境治理步入提质增效时代

（1）乡村振兴战略的实施，基础设施建设向农村倾斜，加快农村公路、供水、供气、环保等基础设施建设，为行业带来了一定的发展机遇。

实施乡村振兴战略，是党的十九大作出的重大决策部署，是决胜全面建成

小康社会、全面建设社会主义现代化国家的重大历史任务,是新时代"三农"工作的总抓手。同时,实施全国性的乡村振兴、城乡融合发展,也是基本实现现代化绕不开的关键领域。

2018年1月2日,中央一号文件《中共中央国务院关于实施乡村振兴战略的意见》(以下简称《意见》)提出抓紧研究制定乡村振兴法的有关工作,把行之有效的乡村振兴政策法定化,充分发挥立法在乡村振兴中的保障和推动作用。《意见》指出:到2035年,乡村振兴取得决定性进展,农业农村现代化基本实现;到2050年,乡村全面振兴,农业强、农村美、农民富全面实现。《意见》将推动农村基础设施提档升级作为提高农村民生保障水平、塑造美丽乡村新风貌的重要举措,提出继续把基础设施建设重点放在农村,加快农村基础设施建设,推动城乡基础设施互联互通。《意见》指出,推进乡村绿色发展、打造人与自然和谐共生发展新格局,需要统筹山水林田湖草系统治理,加强农村突出环境问题综合治理。

2020年,国家"十四五"规划《建议》提出优先发展农业农村,全面推进乡村振兴,把乡村建设摆在社会主义现代化建设的重要位置。统筹县域城镇和村庄规划建设,保护传统村落和乡村风貌。完善乡村水、电、路、气、通信、广播电视、物流等基础设施,提升农房建设质量。因地制宜推进农村改厕、生活垃圾处理和污水治理,实施河湖水系综合整治,改善农村人居环境。提高农民科技文化素质,推动乡村人才振兴。

(2)农村污染防治攻坚战到达决胜阶段,水环境治理步入提质增效时代

治理农业农村污染,是实施乡村振兴战略的重要任务,事关全面建成小康社会,事关农村生态文明建设。

2017年10月18日,习近平总书记在十九大报告中提出要坚决打好防范化解重大风险、精准脱贫、污染防治的攻坚战。2018年3月5日,提请十三届全国人大一次会议审议的政府工作报告将三大攻坚战"作战图"和盘托出:推动重大风险防范化解取得明显进展、加大精准脱贫力度、推进污染防治取得更大成效。其中,污染防治攻坚战以改善生态环境质量为核心,以解决人民群众反映强烈的突出生态环境问题为重点,围绕污染物总量减排、生态环境质量提高、生态

环境风险管控三类目标,突出大气、水、土壤污染防治三大领域。2020年作为全面建成小康社会的决胜年,污染防治攻坚战也随之进入了决胜阶段。

2018年生态环境部、农业农村部印发《农业农村污染治理攻坚战行动计划的通知》(环土壤[2018]143号),通知要求加强农村饮用水水源保护、加快推进农村生活垃圾污水治理、着力解决养殖业污染等问题。提出通过三年攻坚,乡村绿色发展加快推进,农村生态环境明显好转,农业农村污染治理工作体制机制基本形成,农业农村环境监管明显加强,农村居民参与农业农村环境保护的积极性和主动性显著增强。

2019年5月,住房和城乡建设部、生态环境部和国家发展改革委联合印发了《城镇污水处理提质增效三年行动方案(2019—2021年)》(建城[2019]52号,以下简称《方案》),预示着我国水环境治理行业进入提质增效阶段。《方案》在生活污水收集处理设施改造和建设、健全排水管理长效机制、完善激励支持政策和强化责任落实四个方面进行了规定。

2.1.2 国企改革进入深水期,推动国有企业进一步释放活力

2.1.2.1 国有企业战略性重组稳步推进,形成了一大批注重质量的集团化企业

自2013年以来,国企改革持续深化,实现了从"管资产"到"管资本"的转变,现代企业制度逐步建立,国企人才积极性、创造性得到激发,涌现出一大批重质量的集团化企业。从国资国企改革趋势来看,在央企重组方面呈现四个"更加"趋势:一是更加聚焦提升竞争力,扎实推进战略性重组。按照"成熟一户、推进一户"原则,稳步推进中央企业战略性重组。二是更加注重重组质量效果,加快推进内部资源重组。中央企业将以重组整合为契机深化企业内部改革和机制创新,加快形成业务、人员、技术、市场等方面的优势互补和全面融合,真正达到"1+1>2"的积极效果。从地方国有企业看,各地国资委所监管企业的产业布局将进一步优化,资源配置效率将进一步提升,企业之间的重组力度将进一步加大,特别是一些同类型业务公司,资源整合将全面展开,甚至可能出现按照"一个业务板块,一家集团公司",或是按照"一个产业,一家集团公司"进

行重新整合的情况。三是更加发挥产业协同作用，稳步推进企业重组整合。四是更加关注产业发展方向，积极推进新业态新领域重组并购。未来一年，中央企业将加强对重要性前瞻性战略性产业、生态环境保护、公用技术平台等重要行业和关键领域的重组并购。

截至 2019 年 4 月，在中央企业层面，国有资本投资运营公司试点已达 21 家。地方层面，全国范围内国有资本投资运营公司试点已经超过 100 家，在"试体制、试机制、试模式"等方面积极探索、积累经验。如 2019 年 1 月成立组建的黑龙江省交通投资集团有限公司，重组、吸收和组建省内多家交通建设领域企业，成为黑龙江省"铁公机水"大交通建设的平台。

稳步推进国有企业战略性重组，实现从整体上和战略上改善企业的经营管理状况、增强企业的市场竞争力、推进企业创新、使企业保持持续健康发展的目标。

2.1.2.2 混合所有制改革稳见成效，持续激发国企组织活力

2015 年 9 月，国家发布了《关于国有企业发展混合所有制经济的意见》。2016 年以来，混改试点企业在制度创新等方面取得了实质性的进展，主要体现在战略投资者引入等方面。国资委直接监管的央企数量已由 2003 年国资委成立之初的 196 家降至目前的 97 家，数量缩减一半以上。2019 年 11 月，国资委印发《中央企业混合所有制改革操作指引》，为国有企业实施产权转让、增资扩股、首发上市（IPO）、上市公司资产重组等手段提供了基本操作流程、"混资本"和"改机制"相关环节操作要点以及相关政策的支持，作为引入非公资本、集体资本实施混改的具体参考。

借助混改、重组、上市等手段，从试点、单项改革到开展全国性、区域性综合改革试点，国资国企改革整体性、系统性、协调性正不断加强，放权力、重管理、提效率成为国企改革方向的重点。

2.1.2.3 国企改革三年行动计划发布，中央高度重视深化国企改革

国企改革三年行动方案酝酿已久，2020—2022 年是国企改革的关键阶段。2020 年 6 月 30 日，中央全面深化改革委员会召开第十四次会议，会议审议通过了《国企改革三年行动方案（2020—2022 年）》。

《国企改革三年行动方案（2020—2022 年）》是把党的十九大对国资国企改革的要求进一步具体化，近年来实施的"1+N"改革政策也将进一步明确时间表与路线图，在三年行动中加快落实，除此以外，"十项改革试点""双百行动"等改革试点示范工程的有效经验也将在下一步的国企改革中得到推广。

2.1.3 总承包、全过程咨询等业务获得政策大力支持，促进工程建设模式向集成化服务模式发展

2.1.3.1 国家大力推行工程总承包模式，已成为工程建设模式必不可少的一种方式

20 世纪以来，住房和城乡建设部陆续发布了《关于培育发展工程总承包和工程项目管理企业的指导意见》（建市 [2003] 30 号）、《关于进一步推进工程总承包发展的若干意见》（建市 [2016] 93 号）等政策，围绕进一步推进工程总承包发展，从大力推进工程总承包、完善工程总承包管理制度、提升企业工程总承包能力和水平、加强推进工程总承包发展的组织和实施 4 个方面提出了 20 条政策和制度措施。

2017 年 2 月，国务院发布《国务院办公厅关于促进建筑业持续健康发展的意见》（国办发 [2017] 19 号），提出"装配式建筑原则上应采用工程总承包模式。政府投资工程应完善建设管理模式，带头推行工程总承包"，全面提出了加快推行工程总承包的要求。同年 5 月，住房和城乡建设部发布《建设项目工程总承包管理规范》GB/T 50358—2017。

2020 年 3 月，《房屋建筑和市政基础设施项目工程总承包管理办法》（建市规 [2019]12 号）指出，工程总承包单位应当同时具有与工程规模相适应的工程设计资质和施工资质，或者由具有相应资质的设计单位和施工单位组成联合体。工程总承包单位应当具有相应的项目管理体系和项目管理能力、财务和风险承担能力，以及与发包工程相类似的设计、施工或者工程总承包业绩。

2.1.3.2 综合性、跨阶段、一体化的全过程工程咨询服务需求日益增强

2017 年 2 月国务院办公厅在发布的《关于促进建筑业持续健康发展的意见》（国办发 [2017]19 号）中首次明确了"全过程工程咨询"这一概念。随后，住房

和城乡建设部发布了一系列规范性文件，作为倡导、推动全过程工程咨询的配套性文件。同年 11 月，国家发展改革委发布《工程咨询行业管理办法》，明确定义了全过程工程咨询的概念，"全过程工程咨询：采用多种服务方式组合，为项目决策、实施和运营持续提供局部或整体解决方案以及管理服务"。

2019 年 3 月 15 日，国家发展改革委联合住房和城乡建设部印发《关于推进全过程工程咨询服务发展的指导意见》（发改投资规 [2019]515 号，以下简称《指导意见》）。《指导意见》从鼓励发展多种形式全过程工程咨询、重点培育全过程工程咨询模式、优化市场环境、强化保障措施等方面提出一系列政策措施。

2020 年 4 月，为深化投融资体制改革，加快推进全过程工程咨询，提升固定资产投资决策科学化水平，进一步完善工程建设组织模式，提高投资效益、工程建设质量和运营效率，住房和城乡建设部发布《房屋建筑和市政基础设施建设项目全过程工程咨询服务技术标准（征求意见稿）》，对服务范围、咨询内容、组织模式和人员职责等做出了详细规定，有利于全面推进全过程工程咨询业务发展。

2.1.3.3　PPP 投资模式逐步规范，社会资本投资回归理性

2016 年 10 月，国家发展改革委、住房和城乡建设部联合印发《关于开展重大市政工程领域政府和社会资本合作（PPP）创新工作的通知》（发改投资 [2016]2068 号）。2017 年 2 月，国家发展改革委、住房和城乡建设部再出新政策《关于进一步做好重大市政工程领域政府和社会资本合作（PPP）创新工作的通知》（发改投资 [2017]328 号），强调了市政作为民生领域的重要保障，在 PPP 项目库中数量最多，通知要求各地要高度重视重大市政工程领域 PPP 创新工作。该政策的发布，使市政勘察设计企业不再局限于设计业务与总承包业务，正式向产业链上游进发，为市政勘察设计企业商业模式和业务承接拓宽了空间。

随着基建行业进入存量时代，新建投资资金受限，投资增速放缓，制约我国基建领域的长期增长。2020 年 4 月 30 日，证监会、国家发展改革委联合发布了《关于推进基础设施领域不动产投资信托基金（REITs）试点相关工作的通知》（证监发 [2020]40 号），由此，公募基建 REITs 拉开帷幕。基建 REITs 的出台，通过盘活存量资产，将助力政府降杠杆、化解地方债务风险，补充中长期资金。

REITs 与 PPP 结合兼具必要性和可行性，将是未来重要方向，REITs 为 PPP 提供退出渠道和商业闭环，增强 PPP 流动性。PPP 为 REITs 提供重要的基础设施投资标的，二者结合可行性较高，有望得到政策引导支持。

2.1.4 资质和招标投标改革逐步实施，加速行业市场化改革趋势

2.1.4.1 企业资质等级标准日趋简化，营商环境进一步优化

为积极响应国家市场化改革，住房和城乡建设部、国务院连续发布多项政策，大力推行资质改革，以"优化企业资质、强化个人执业资格"为改革方向，逐步放开行业资质，切实降低企业准入门槛、激发市场主体发展活力、进一步优化建筑市场营商环境，促进建筑业高质量发展。

2014 年 11 月住房和城乡建设部印发了《建筑业企业资质等级标准通知》（建市 [2014] 159 号），新标准在保证平稳过渡的前提下，做了一定程度的简化。2017 年 2 月国务院在《关于促进建筑业持续健康发展的意见》（国办发 [2017] 19 号），要求优化资质资格管理，进一步简化资质，减少不必要资质认定。

2017 年 4 月，《建筑业发展"十三五"规划》中，再次明确提出坚持弱化企业资质、强化个人执业资格的改革方向，逐步构建资质许可、信用约束和经济制衡相结合的建筑市场准入制度。《国务院关于取消一批行政许可事项的决定》（国发 [2017]46 号）取消工程咨询单位资格认定行政许可事项。

2019 年 8 月国务院办公厅印发《全国深化"放管服"改革优化营商环境电视电话会议重点任务分工方案》（国办发 [2020]43 号），其中涉及建筑业资质、职业资格、工程审批改革、招标投标等多项重要内容，要求大力清理简并资质类别、等级，力争 2020 年底前将工程建设、测绘等领域企业资质类别、等级压减三分之一以上。

2020 年 7 月 2 日，住房和城乡建设部官网发布《建设工程企业资质标准框架（征求意见稿）》，拟大幅压减企业资质类别和等级。建设工程企业资质标准框架确定后，启动建设工程企业资质管理规定、资质标准等的修订工作，有针对性地调整企业资质标准中的考核指标，原则上不提高标准，最低等级资质可适当降低准入门槛。多个资质合并的，将兼顾合并前的各项资质标准，在修订

资质管理规定和标准时,充分考虑资质类别压减对企业的影响。

2020年11月11日,国务院常务会议审议通过《建设工程企业资质管理制度改革方案》(建市[2020]94号,以下简称《改革方案》),此次建设工程企业资质管理制度改革有三大特点:

一是改革力度更大。企业资质类别和等级数量由593项压减至245项,幅度达到59%,远远超过了最初确定的1/3的目标,其中勘察资质由26项压减为7项、设计资质由395项压减为156项、施工资质由138项压减为61项、监理资质由34项压减为21项。改革后,房建、公路、铁路、港口与航道、水利水电、电力、矿山、冶炼、石油化工和市政10个类别施工特级资质整合为综合资质,可以承担各行业、各等级施工总承包业务,大大拓宽了企业承揽业务范围,实现了横向全部打通。今后,只要企业有信誉、有能力,就可以实现跨行业承揽业务,大大拓宽了企业承揽业务范围。

二是改革的协同性更好。统筹考虑勘察、设计、施工、监理4类资质具体情况制定改革措施,既兼顾了4类资质的各自特点,又统筹谋划,在资质名称、类别、等级等方面力求统一。下一步,住房和城乡建设部将整合勘察、设计、施工、监理等资质的管理规定,并在修订资质标准时做好相互衔接。

三是企业的获得感更强。《改革方案》大幅精简审批条件,适当放宽有关指标要求,特别是对行业内反映较多的注册人员、技术装备、工程业绩等指标的要求大幅放宽。同时,实行告知承诺制,更有利于企业便利化申报,为企业提供了方便。此外,将所有的资质等级原则上都压减为甲乙两级,有的资质只设置一个等级,放宽部分资质承揽业务范围,对中小企业是极大利好,有利于企业孵化和成长,促进建筑业健康发展。

随着资质管理标准简化,企业资质的重要性将逐步弱化,资质管理将向欧美国家的管理模式过渡,政府将逐步淡化前置管理,注重事中及事后监管,靠资质"吃饭"的时代将成为过去,企业必须依靠自身的技术能力、管理水平、品牌信誉在市场上竞争。

改革后,工程勘察资质分为综合资质和专业资质,工程设计资质分为综合资质、行业资质、专业和事务所资质,施工资质分为综合资质、施工总承包资质、专业承包资质和专业作业资质。工程监理资质分为综合资质和专业资质。资质等级原则上压减为甲、乙两级（部分资质只设甲级或不分等级），资质等级压减后，中小企业承揽业务范围将进一步放宽，有利于促进中小企业发展。具体压减情况如下：

（1）工程勘察资质。保留综合资质；将4类专业资质及劳务资质整合为岩土工程、工程测量、勘探测试3类专业资质。综合资质不分等级，专业资质等级压减为甲、乙两级。

（2）工程设计资质。保留综合资质；将21类行业资质整合为14类行业资质；将151类专业资质、8类专项资质、3类事务所资质整合为70类专业和事务所资质。综合资质、事务所资质不分等级；行业资质、专业资质等级原则上压减为甲、乙两级（部分资质只设甲级）。

（3）施工资质。将10类施工总承包企业特级资质调整为施工综合资质，可承担各行业、各等级施工总承包业务；保留12类施工总承包资质，将民航工程的专业承包资质整合为施工总承包资质；将36类专业承包资质整合为18类；将施工劳务企业资质改为专业作业资质，由审批制改为备案制。综合资质和专业作业资质不分等级；施工总承包资质、专业承包资质分两级（部分专业承包资质不分等级），其中，施工总承包甲级资质在本行业内承揽业务规模不受限制。

（4）工程监理资质。保留综合资质；取消专业资质中的水利水电工程、公路工程、港口与航道工程农林工程资质，保留其余10类专业资质；取消事务所资质。综合资质不分等级，专业资质等级压减为甲、乙两级。

2.1.4.2　招标投标改革拉开大幕，引导市场规范化健康发展

住房和城乡建设部、国家发展改革委会同有关部门，进一步转变职能，简政放权，以完善法规政策为保障，着力引导招标投标行业加快转型升级，促进招标投标市场规范有序发展。

2015年初，住房和城乡建设部下发了《关于开展建筑业改革发展试点工作的通知》（建市[2014]64号，以下简称《通知》)，《通知》提到"放开非国有资金投资项目必须招标的限制，赋予非国有投资业主自主招标决策权"。2017年1月，新版《建筑工程设计招标投标管理办法》（以下简称《办法》）出台，

《办法》出现以下几点变化：第一，扩大可以不招标范围；第二，增加设计团队招标；第三，对设计费或计费方法等内容要加以明示；第四，取消招标资料备案以及审核的规定。

2018年3月，国家发展改革委印发《必须招标的工程项目规定》（国家发展改革委令第16号）大幅缩小必须招标的工程项目范围。2019年12月24日，住房和城乡建设部发布《关于进一步加强房屋建筑和市政基础设施工程招标投标监管的指导意见》（建市规[2019]11号，以下简称《意见》），《意见》再一次提出缩小招标范围，社会投资的市政基础设施工程依法决定发包方式；政府投资工程鼓励采用全过程工程咨询、工程总承包方式，减少招标投标层级，依据合同约定或经招标人同意，由总承包单位自主决定专业分包，招标人不得指定分包或肢解工程。

2.1.5 国家"十四五"规划建议对勘察设计行业的启示

2021年3月11日，两会落下帷幕。作为"十四五"开局之年，两会表决通过了《国民经济和社会发展第十四个五年规划和2035年远景目标纲要》（以下简称"十四五"规划），明确了国家"十四五"建设的施工图，也提出了诸多值得勘察设计行业关注的重要看点。

2.1.5.1 2021年GDP增长6%以上，"十四五"期间淡化经济增长目标

根据世界货币基金组织（以下简称"IMF"）2021年1月份发布的《世界经济展望》，2020年全球经济估计萎缩3.5%。其中，中国是唯一实现经济正增长的主要经济体，2020年GDP增长2.3%。根据IMF的预测，2021年在疫苗加速上市以及各国积极财政政策支持下，全球经济有望复苏，预计2021年全球经济增长5.5%，中国GDP增长8.1%。

在2021年政府工作报告里，提出"国内生产总值增长6%以上"的预期目标，体现了经济发展质量优先的工作思路。之所以设立6%的生产总值增长目标，一方面增长目标可以与前后几年衔接，避免目标忽高忽低对预期的扰动；另一方面，在高质量发展要求下，相对较低的经济增长目标可以使政府将精力集中在深化供给侧结构性改革上，避免重回粗放发展的老路。

此前，全国 31 个省市均公布了 2021 年地方经济增长目标，从"近 6%"到"10% 以上"不等。湖北是 2020 年唯一生产总值负增长的省份，由于 2020 年生产总值基数低，2021 年湖北将生产总值增长目标设为 10% 以上。受益于自由贸易港建设政策支持，海南也将生产总值增长目标定为 10% 以上。全国各省市加权生产总值增长目标为 6.8% 左右（表 2-1）。

全国各省市 2021 年生产总值增长目标　　　　　表 2-1

省市/自治区	2021 年生产总值增长目标（%）	2020 年生产总值实际增速（%）	2020 年生产总值总量（万亿元）
湖北	>10	−5.0	4.3
海南	>10	3.5	0.6
西藏	>9	7.8	0.2
云南	>8	4.0	2.5
江西	~8	3.8	2.6
贵州	~8	4.5	1.8
安徽	8.0	3.9	3.9
山西	8.0	3.6	1.8
广西	>7.5	3.7	2.2
福建	~7.5	3.3	4.4
湖南	>7	3.8	4.2
河南	>7	1.3	5.5
宁夏	>7	3.9	0.4
四川	>7	3.8	4.9
浙江	>6.5	3.6	6.5
陕西	~6.5	2.2	2.6
新疆	~6.5	3.4	1.4
甘肃	6.5	3.9	0.9
天津	6.5	1.5	1.4
河北	6.5	3.9	3.6
吉林	6—7	2.4	1.2
山东	>6	3.6	7.3
广东	>6	2.3	11.1
江苏	>6	3.7	10.3
上海	>6	1.7	3.9

续表

省市/自治区	2021年生产总值增长目标（%）	2020年生产总值实际增速（%）	2020年生产总值总量（万亿元）
北京	>6	1.2	3.6
辽宁	>6	0.6	2.5
重庆	>6	3.9	2.5
青海	>6	1.5	0.3
内蒙古	~6	0.2	1.7
黑龙江	~6	1.0	1.4

和"十三五"规划提出的"到2020年国内生产总值和城乡居民人均收入比2010年翻一番"这一明确目标不同，"十四五"规划淡化经济增长目标，提出"国内生产总值年均增长保持在合理区间、各年度视情提出。"

"十四五"规划没有提出具体目标不代表对经济增长没有要求。根据"十四五"规划，2035年的远景目标为"人均国内生产总值达到中等发达国家水平"。而要达到这一远景目标，根据众多金融机构的研究，未来15年中国GDP年均增速需达到约5%的水平。预计"十四五"期间中国GDP将努力保持中高速增长。

在新型城镇化推进过程中，建筑业对经济发展的作用至关重要。2016年中国建筑业增加值为5万亿元，占GDP比重为6.7%；2020年建筑业增加值达到7.3万亿元，占GDP比重上升至7.2%，"十三五"期间建筑业对GDP的贡献稳步提升。根据发达国家城镇化的经验，预计2035年前后中国城镇化率达到75%之后，基础设施相关投资会下降，建筑业增加值占GDP比重也会逐步下降至5%左右。因此，"十四五"对勘察设计行业非常关键，勘察设计企业应加快转型升级，为面对后城镇化时代更严酷的市场竞争做好准备。

2.1.5.2　2021年财政政策保持积极态度，"十四五"期间投资温和增长

2021年政府工作报告提出"积极的财政政策要提质增效、更可持续。"2021年赤字率拟按3.2%左右安排，比2020年的3.6%略有下调。2021年拟安排地方政府专项债券3.65万亿元，比2020年只减少了1000亿元。2021年中央预算内投资安排6100亿元，比2020年增加了100亿元（图2-1）。

扩大有效投资是国内大循环的重要支撑。政府工作报告指出，优先支持在

建工程，合理扩大使用范围。继续支持促进区域协调发展的重大工程，推进"两新一重"建设，实施一批交通、能源、水利等重大工程项目，建设信息网络等新型基础设施，发展现代物流体系。政府投资也更多向民生项目倾斜，2021年新开工改造城镇老旧小区5.3万个，比2020年的3.9万个提升了35.9%。

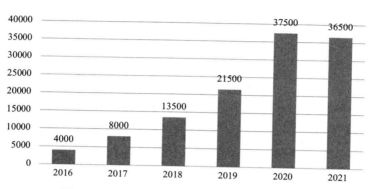

图2-1 近年地方政府新增专项债额度（亿元）

2020年基础设施（包括电力、燃气及水的生产和供应业，交通运输、仓储和邮政业，水利、环境和公共设施管理业）投资额为19.1万亿元，比2019年增长3.4%。投资增速不及预期，原因有地方政府项目储备不足、专项债发行滞后以及项目审批流程过长等诸多方面。2021年政府工作报告提出"简化投资审批程序，推进实施企业投资项目承诺制。"预计在政府积极财政政策支持下，2021年基础设施投资将持续提升。

"十四五"规划提出"深入实施扩大内需战略，增强消费对经济发展的基础性作用和投资对优化供给结构的关键性作用，建设消费和投资需求旺盛的强大国内市场。"要求保持投资合理增长，加快补齐基础设施、市政工程、农业农村、生态环保、民生保障等领域短板，推进"两新一重"工程建设。

为了保证投资的稳定增长，"十四五"规划提出深化投融资体制改革，发挥政府投资撬动作用，激发民间投资活力，形成市场主导的投资内生增长机制。"十四五"期间，PPP将规范有序推进，基础设施投资信托基金（REITs）将加快发展，以有效盘活存量资产，促进存量资产和新增投资的良性循环。

不过，根据中国社会科学院国家金融与发展实验室发布的《2020年度中国杠杆率报告》，疫情影响下，2020年我国宏观杠杆率已经从2019年末的246.5%攀升至270.1%，继续加杠杆的空间有限，未来杠杆率应稳中趋降，基础设施和房地产投资占GDP的比重也应持续下降。"十三五"期间，从2016年到2020年，基础设施和房地产投资总额年均增长6.8%，占GDP的比重从34.3%下降到32.7%。预计"十四五"期间基础设施和房地产投资总额将温和增长，年均增速在5%左右，略低于GDP的增长速度（图2-2）。

图2-2 房地产"十三五"投资情况

2.1.5.3 基础设施"强"，房地产"稳"，碳中和目标带来新机遇

2021年政府工作报告和2020年一样，没有明确提及铁路、公路水运投资计划。政府工作报告提出在继续推进"两新一重"建设的同时，强调向民生项目倾斜、提升县城服务水平、加强污染防治和生态建设。政府工作报告重申"房住不炒"，提出"稳地价、稳房价、稳预期"的房地产发展要求。

"十四五"规划在新型城镇化建设和生态建设方面提出了明确目标。到"十四五"末期，常住人口城镇化率提高到65%；单位国内生产总值能源消耗和二氧化碳排放分别降低13.5%、18%，森林覆盖率提高到24.1%。

在以上目标之下，"十四五"规划对基础设施建设做出了详尽的安排，体现了三个特点。其一，新老基建共同发力；其二，区域协调发展、乡村振兴是重要阵地，推动以人为核心的新型城镇化；其三，文化建设、绿色发展、民生改善、安全保障是亮点。其中，安全保障是"十四五"规划中新增的政策关注点（表2-2）。

"十四五"规划的十一大重点建设领域　　　　　　　　表2-2

领域	建设要求
新型基础设施	布局建设信息基础设施、融合基础设施、创新基础设施等新型基础设施。加快5G网络部署，扩容骨干网互联节点，推动物联网发展，加快数据中心建设，加快交通、能源、市政等传统基础设施数字化改造
交通	建设现代化综合交通运输体系，推进战略骨干通道、高速铁路、普速铁路、城市群和都市圈轨道交通、高速公路、港航设施、现代化基础、综合交通和物流枢纽等交通强国建设工程
能源	建设清洁低碳、安全高效的能源体系，推进大型清洁能源基地、沿海核电、电力外送通道、电力系统调节、油气储运能力等现代能源体系建设工程
水利	立足流域整体和水资源空间均衡配置，提升水资源优化配置和水旱灾害防御能力，推进重大引调水、供水灌溉、防洪减灾等国家水网骨干工程
乡村振兴	坚持农业农村优先发展，全面推进乡村振兴，推进高标准农田、农业面源污染治理、农产品冷链物流设施、乡村基础设施、农村环境整治提升等现代农业农村建设工程
新型城镇化	提升城镇化发展质量，推进都市圈建设、城市更新、城市防洪排涝、县城补短板、现代社区培育、城乡融合发展等新型城镇化建设工程
区域协调发展	深入实施区域重大战略，加快推动京津冀协同发展，全面推动长江经济带发展，积极稳妥推进粤港澳大湾区建设，提升长三角一体化发展水平，扎实推进黄河流域生态保护和高质量发展，推进西部大开发形成新格局，推动东北振兴取得新突破，开创中部地区崛起新局面，实施边境地区发展工程
文化建设	健全现代文化产业体系，推动文化和旅游融合发展，推进文化遗产保护传承、重大文化设施建设、旅游目的地质量提升等文化繁荣发展工程
绿色发展	完善生态安全屏障体系，推进青藏高原生态屏障区、黄河重点生态区、长江重点生态区、东北森林带、北方防沙带、南方丘陵山地带、海岸带、自然保护地等重要生态系统保护和修复工程。加快发展方式绿色转型，推进大气污染物减排、水污染防治和水生态修复、土壤污染防治和安全利用、城镇污水垃圾处理设施、医废危废处置和固废综合利用、资源节约利用等环境保护和资源节约工程
民生改善	建设高质量教育体系，推进普惠性幼儿园、基础教育、职业技术教育、高等教育、产教融合平台等教育提质扩容工程。全面推进健康中国建设，推进疾病预防控制、国家医学中心、区域医疗中心、县级医院、中医药发展、全民健身场地设施等全民健康保障工程
安全保障	实施粮食安全和能源安全战略，推进粮食储备设施、油气勘探开发、煤制油气基地、电力安全保障、新一轮找矿突破战略行动、应急处置能力提升等经济安全保障工程

对于房地产，"十四五"规划强调坚持"房住不炒"，提出"加强房地产金融调控，发挥住房税收调节作用，支持合理自住需求，遏制投资投机性需求。"

根据国家统计局3月15日公布的2021年1—2月份全国房地产开发投资和销售情况数据，由于疫情因素，2021年前2月数据比2020年同期大幅增长，但是与2019年同期相比，房屋新开工面积和土地购置面积都呈继续下降趋势。从数据来看，在调控政策影响下，房地产行业销售面积和施工面积增速明显高于新开工面积和土地购置面积增速，说明房地产企业更多通过加大推盘力度来缓解资金压力。预计"十四五"期间，在"三条红线"和"集中供地"等政策指导下，房地产行业进入稳定调整阶段，行业集中度将继续提升（表2-3）。

房地产开发投资和销售情况　　　　　表2-3

类别	2021年1—2月份和2019年同比	2020年和2019年全年同比
商品房销售面积	23.1%	2.6%
房屋施工面积	14.2%	3.7%
房屋新开工面积	−9.4%	−1.2%
土地购置面积	−6.0%	−1.1%

"十四五"规划提出"落实2030年应对气候变化国家自主贡献目标，制定2030年前碳排放达峰行动方案。锚定努力争取2060年前实现碳中和，采取更加有力的政策和措施。"

碳中和目标对勘察设计行业的影响之一是市场有增有减。增量市场首先是新能源工程建设迎来投资快速增长的机遇。到2030年，我国光伏、风电总装机容量将达到12亿千瓦以上。根据国家能源局数据，截至2020年底，我国光伏、风电装机容量是5.3亿千瓦，还有很大差距。增量市场还包括其他可再生能源投资、新能源充电桩等领域。此外，工业节能减排、建筑节能改造等也是巨大的增量市场。减量市场则是钢铁、水泥等能耗大户行业，需要继续去产能、优结构。

碳中和目标对勘察设计行业的影响之二是工程建造方式将加快改革。2020年7月，住房和城乡建设部、国家发展改革委、工信部等13部门联合印发《关于推动智能建造与建筑工业化协同发展的指导意见（建市[2020]60号）》，明确要求实行工程建设项目全生命周期内的绿色建造，促进建筑业绿色改造升级。同一时间，由住房和城乡建设部、国家发展改革委等7部门印发的《绿色建筑创建行动方案》明确，到 2022 年城镇新建建筑中绿色建筑面积占比达到 70%，既有建筑能效水平不断提高，装配化建造方式占比稳步提升，绿色建材应用进一步扩大。2021 年 1 月，住房和城乡建设部决定在湖南省、广东省深圳市、江苏省常州市开展绿色建造试点，促进建筑业转型升级和城乡建设绿色发展。

2.1.5.4 改革和创新同步推进，数字化转型迫在眉睫

改革和创新是 2021 年政府工作报告以及"十四五"规划的主旋律。2021 年政府工作报告提出"深入实施国企改革三年行动，做强做优做大国有资本和国有企业。深化国有企业混合所有制改革。"

2020 年 6 月，中央深改委审议通过的《国企改革三年行动方案（2020—2022 年）》，主要聚焦以下重点任务：一是加快完善中国特色现代企业制度；二是着力推进国有经济布局优化和结构调整；三是积极稳妥深化混合所有制改革；四是不断健全市场化经营机制；五是健全以管资本为主的国有资产监管体制等。对于技术密集型的勘察设计行业，体制机制改革是激发内生动力的重要途径。通过混合所有制改革引入发展资源，通过骨干员工持股等中长期激励机制的实施将个人利益与企业利益捆绑，构建员工和企业共同成长的命运共同体，可以为企业未来发展增加新动能。

"十四五"规划中改革和创新两个词汇分别出现了 120 次和 165 次。"坚持创新驱动发展"成为首要任务，提出"全社会研发经费投入年均增长 7% 以上，每万人高价值专利拥有量从 2020 年的 6.3 件到 2025 年增加至 12 件"。为了实现创新目标，"十四五"规划要求强化国家战略科技力量，提升企业技术创新能力，激发人才创新活力，完善科技创新体制机制。其中，企业创新主体地位应进一步强化，集聚各类创新要素，形成以企业为主体、市场为导向、产学研用深度融合的技术创新体系。勘察设计行业发展已经进入成熟期，面对激烈的市场竞争，回归勘察设计行业技术密集型的本质，大幅提升企业技术含量、塑造以技术为载体的核心竞争力是勘察设计企业生存和发展的根基。勘察设计企业应该贯彻国家创新驱动战略，加大科技创新投入，根据市场需求结合自身发展战略制定科技创新规划，明确未来科技创新方向。在此基础上，完善创新平台建设，加强产学研合作，加强科技人才队伍建设，加强科技成果转化，完善科技创新考

核评价和激励机制，营造鼓励科技创新的企业氛围。通过不断的科技创新带动业务创新，通过业务创新强化市场竞争优势。

"十四五"规划高度重视数字化发展。在此前的建议稿中，数字化发展并未独立成篇。而在正式通过的"十四五"规划中，"加快数字化发展，建设数字中国"成为单独篇章，并提出"数字经济核心产业增加值占 GDP 比重到 2025 年达到 10%"的目标。

勘察设计企业的数字化转型已经迫在眉睫。勘察设计企业应将建设成为数字化企业作为发展方向。一方面，通过综合管理系统、项目管理系统、协同设计系统、知识管理系统等信息化系统的建设提升企业运营效率和质量；推动数字化技术与工程技术的结合，大力加强 BIM 技术应用，在工程总承包、全过程咨询等新型业务中应全部采用 BIM，全面推进工程数字化并以此提升企业竞争力。另一方面，结合智慧城市、智慧交通、智慧水利等建设需要积极打造数字化产品，推动数据资产运营、管理平台服务等数字化产品发展，探索新业务增长点，开展业态创新。

2.2 经济环境

2.2.1 宏观经济由高速增长阶段转向高质量发展阶段，转变发展方式、优化经济结构、转换增长动力正处在攻关期

十九大报告指出中国特色社会主义进入了新时代，我国经济已由高速增长阶段转向高质量发展阶段，正处在转变发展方式、优化经济结构、转换增长动力的攻关期，建设现代化经济体系是跨越关口的迫切要求和我国发展的战略目标。必须坚持质量第一、效益优先，以供给侧结构性改革为主线，推动经济发展质量变革、效率变革、动力变革，提高全要素生产率，着力加快建设实体经济、科技创新、现代金融、人力资源协同发展的产业体系，着力构建市场机制有效、微观主体有活力、宏观调控有度的经济体制，不断增强我国经济创新力和竞争力。

深化供给侧结构性改革，加快建设创新型国家是应对高速增长阶段转向高质量发展阶段重要举措，转向高质量发展对广大企业既是挑战，也是重要机遇。

要大力发展新技术、新产品、新业态。我国发展阶段转变正赶上新一轮的技术革命，这为我国广大企业通过发展新技术、新业态、新产品，提升发展质量，提供了难得的历史机遇。

从具体数据上看，我国经济告别了平均 10% 左右的高速增长，进入了"新常态"。2019 年 GDP 增长率 6.1%，处于连年递减趋势，这意味着未来我国经济将从高速增长迈向中高速增长，从要素驱动、投资驱动转向创新驱动（图 2-3）。

近年固定投资逐步上升，但是增速已经接近拐点，未来由投资拉动增长的动力将减弱，固定投资将逐步减少（图 2-4）。

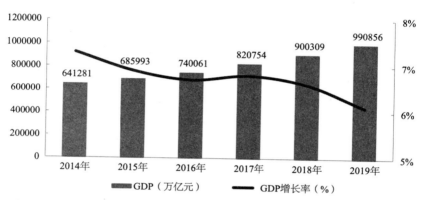

图 2-3　2014—2019 年 GDP 及其增速变化情况[1]

图 2-4　2010—2019 年城镇固定资产投资完成额及增速变化情况

1　数据来源于国家统计局。

2.2.2 经济下行压力倍增,"六保"和加大投资力度成为"稳经济"的必然选择

2.2.2.1 中美贸易战、新冠肺炎疫情等外部环境叠加影响之下,经济目标从"六稳"向"六保"转变

受中美贸易摩擦加剧,外部环境发生明显变化,经济运行稳中有变,稳中有忧,在 2018 年 7 月 31 日召开的中共中央政治局会议中,首次提出"六稳",即稳就业、稳金融、稳外贸、稳外资、稳投资、稳预期工作。把"六稳"作为实现经济稳中求进的基本要求,在"六稳"发力下,我国经济经受住了外部环境变化的冲击,保持了平稳健康发展。

2020 年初,突如其来的新冠肺炎疫情严重冲击了我国经济,造成了前所未有的影响。一是经济增长不稳,生产、消费等经济活动大范围停滞,导致投资、消费、进出口快速下行,经济负增长;二是经济主体陷入危机,在疫情冲击下,企业、家庭、政府受到严重影响,企业和家庭收入下降,陷入现金流危机,政府收入下降,支出上升,债务积累,赤字增加;但是金融风险加大,疫情的不确定性给金融市场投资者造成严重干扰,导致预期不稳,金融市场产生动荡;四是内外经济失衡,疫情给进出口造成重大影响,影响资本收支平衡,引起汇率波动。在这种背景下,2020 年 4 月 17 日,在中共中央政治局会议中提出在扎实做好"六稳"的基础上,提出"六保"的新任务,即保居民就业、保基本民生、保市场主体、保粮食能源安全、保产业链供应链稳定、保基层运转,形成"六稳"加"六保"的工作框架。

在疫情防控常态化叠加中美贸易战的经济新常态下,容忍经济增速下滑已经成为共识,"保"是一种应变,是化危为机,我国作为世界第二大经济体,有着巨大的内需市场、充足的政策空间和显著的制度优势。

2.2.2.2 投资成为"稳经济"的重要和必要手段,"两新一重"建设成为投资重点

在经济下行压力倍增的外部环境下,传统拉动经济的"三驾马车"中,投资再次成为"稳经济"的重要手段,也是必要手段,尤其是在基建投资方面。

2020年5月，李克强总理在第十三届全国人民代表大会第三次会议上作政府工作报告中提出"扩大有效投资，重点支持'两新一重'建设"，首次提出"两新一重"的概念，即加强新型基础设施建设，加强新型城镇化建设；加强交通、水利等重大工程建设。

为重点支持既促消费惠民生又调结构增后劲的"两新一重"建设，根据2020年李克强总理在政府工作报告中提到的，中央预算内投资安排6000亿元。重点支持既促消费惠民生又调结构增后劲的"两新一重"建设。特别安排地方政府专项债券3.75万亿元，比2019年有所增加；另有抗疫特别国债1万亿元，资金用途共涉及6个领域，其中有部分也指向"两新一重"建设领域。

加强新型基础设施建设方面，与传统基础设施相比，"新基建"聚焦于新一代信息技术，包括硬件端的5G通信基站，以及软件端的物联网、云计算、人工智能、工业互联网等，将会助力铁路、公路、电力、水利、电信等传统基础建设的数字化转型，推动产业的边际投资收益不断增加。截至2020年5月底，全国31个省市自治区2020年重点建设项目中：28个省总项目约2.36万项，22个省项目总投资额约47.6万亿元，22个省2020年计划投资额约8.87万亿元。尽管新基建已经成为经济高质量发展的重要手段，在投资角度对GDP的贡献率也不断上升，但新基建尚处于发展初期，与近100万亿GDP的总盘子相比，在短短的几年内还不足以成为整体经济增长的主要驱动力，传统基建仍然有相当大的发展空间。

加强新型城镇化建设方面，大力提升县城公共设施和服务能力，以适应农民日益增加的到县城就业安家需求。2020年,我国各地计划改造城镇老旧小区3.9万个，涉及居民近700万户，比去年增加一倍。同时，今年加装电梯，发展用餐、保洁等多样社区服务也将受到投资支持。

在加强交通、水利等重大工程建设方面，我国将增加国家铁路建设资本金1000亿元。健全市场化投融资机制,支持民营企业平等参与。同时做到优选项目，不留后遗症，让投资持续发挥效益。

2.2.3 城市发展进入"后城镇化"时代，县城城镇化补短板开始提速，以城市群和都市圈为核心的区域经济发展成为重点

2.2.3.1 新型城镇化建设成果显著，县城城镇化补短板开始提速

近十年我国城镇化水平提高了 10% 左右，平均每年提高 1% 左右。城镇化率不断提高意味着城市基础设施、公共服务设施和住宅建设仍将保持巨大的投资需求，这是勘察设计行业未来保持平稳发展的关键因素。截至 2019 年，我国城镇化率为 60.60%，城镇化率增长速度呈现下降趋势，逐步迈入"后城镇化"时代，但整体水平与发达国家 80% 左右的城镇化率相比仍有较大差距，2017 年美国城镇化率已达 81.45%，日本更是高达 93.02%，国内城镇化进程仍将持续很长一段时间，城镇化建设投资依然有比较旺盛的需求，投资需求前景依旧乐观（图 2-5）。

图 2-5　2010—2019 年我国城镇化率[1]

长期以来，城乡发展的不平衡是我国新型城镇化建设的突出短板，短板弱项也是内需潜力所在，新型城镇化建设的突破口在县城。2020 年 6 月，国家发展改革委发布《关于加快开展县城城镇化补短板强弱项工作的通知》(发改规划 [2020]831 号)，选择 120 个县及县级市开展县城新型城镇化建设示范工作。

---

[1] 数据来源于国家统计局。

县城补短板强弱项带来的扩内需潜力，一方面来源于缩小县城与大城市的差距，整体新增投资消费的空间巨大；另一方面来源于提升县城公共设施和服务能力能够更好地牵引乡镇发展，为乡村振兴提供支撑，拉动农村市场需求。县城努力探索高质量发展，一边承接中心城市非核心功能疏解，一边打开农业转移人口就业居住享受公共服务的空间，弥合城乡发展差距，是新型城镇化建设从"城市优先发展"过渡到"城乡融合发展"的生动实践，大中小城市和小城镇协调发展的城镇化空间格局逐步优化。

2.2.3.2 城市发展步伐加速，以城市群和都市圈为核心的区域经济发展成为城镇化建设的重点

（1）国家深入实施区域发展总体战略，城市群建设带动区域发展。

自2009年起，国家先后批准京津冀一体化、雄安新区、粤港澳大湾区、长三角一体化等多个区域经济发展规划，涉及地区范围囊括了大半个中国。这些区域发展总体战略规划释放出较大的发展需求和市场空间，将加快区域经济一体化的步伐，而且在这些区域发展规划中都把加快现代化基础设施建设作为一项重要规划内容，强调综合交通运输体系建设对区域经济发展的重要支撑作用。

截至目前，国家共批复长江中游城市群、哈长城市群、成渝城市群、长江三角洲城市群、中原城市群、北部湾城市群、关中平原城市群、呼包鄂榆城市群、兰西城市群和粤港澳大湾区10个国家级城市群，以及北京、天津、上海、广州、重庆、成都、武汉、郑州和西安9个中心城市，至此建立起以中心城市引领城市群发展、城市群带动区域发展新模式，推动国家重大区域战略融合发展。

（2）积极培育发展现代化都市圈，促进区域协调发展。

随着中心城市大型化，中心城市发展进入都市圈发展阶段，都市圈成为我国新型城镇化的重要载体，正在成为我国经济发展的"新风口"。2019年2月，国家发展改革委发布的《关于培育发展现代化都市圈的指导意见》（发改规划[2019]328号，以下简称《意见》）指出，都市圈是城市群内部以超大特大城市或辐射带动功能强的大城市为中心、以1小时通勤圈为基本范围的城镇化空间形态。都市圈的发展，强调的是中心城市对周边地区的带动引领和协同发展作用，中心城市要有足够的带动力和辐射能力。

现代化都市圈的目标一是促进区域内协调发展，带动城市群高质量发展，让大都市承担起区域中心应当发挥的作用和功能；二是以区域和城市元素，参与世界强国之间的高水平竞争。以核心大都市圈带动城市群发展的战略，在引领国家发展和赢得全球竞争中具有重大意义。按照《意见》设定的目标，到2022年，都市圈同城化取得明显进展。到2035年，现代化都市圈格局更加成熟，形成若干具有全球影响力的都市圈。

2.3 社会环境

2.3.1 人口红利衰减，老龄化问题突出，多城市布局人才吸引战略，新型的经济区吸引力度较大

目前我国呈现人口红利衰减现象。我国人口总数虽然还在增长，但人口结构已经发生变化。从国家统计局发布的数字来看，目前我国呈现人口红利衰减现象。我国人口总数虽然还在增长，但人口结构已经发生变化。全国65岁及以上老年人口占比逐年上升，2019年65岁以上老年人口占总人口比重达12.57%，近10年增长近4%（图2-6）。

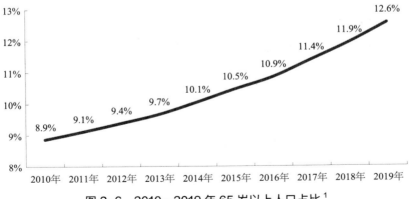

图 2-6　2010—2019 年 65 岁以上人口占比[1]

---

[1] 数据来源于国家统计局。

从近 10 年出生率、死亡率和自然增长率来看，出生率和自然增长率都呈现下降趋势。人口老龄化加剧，出生率降低，年轻劳动力现已成为全国性稀缺资源，人力资源成本加剧上升（图 2-7）。

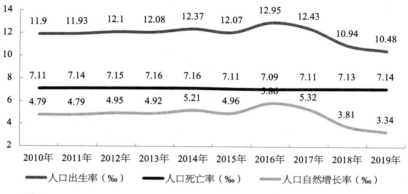

图 2-7　2010—2019 年人口出生率、死亡率和自然增长率变化情况

多省市上演抢人大战。目前很多城市已经在政策层面把人才战略与人口战略协同推进。近几年来"抢人大战"参与度最高的天津、广州、重庆、成都、武汉、郑州和西安等城市，都是中央明确支持建设的国家中心城市，都处于城市扩张与产业转型期，正是需要补充大量劳动力的阶段。以天津为例，天津为引进人才 2018 年发布了《天津市"海河英才"行动计划》《天津市引进人才落户实施办法》，降低了人才落户门槛：本科 40 岁以下，硕士 45 岁以下，博士不受年龄限制，都可以直接落户。人才争夺战这两年暴发看似有些突然，其实是人口结构改变到一定程度的必然产物（表 2-4）。

国内 25 大城市常住人口流动情况[1]　　　　　　表 2-4

城市	落户条件（以本科为例）	2018 年常住人口（万）	2019 年常住人口（万）	人口增长率	新增人口（万）
杭州	45 岁以下本科	980.60	1036.00	5.65%	55.40
深圳	45 岁以下本科	1302.66	1343.88	3.16%	41.22

---

[1] 数据来源于国家统计局。

续表

城市	落户条件（以本科为例）	2018年常住人口（万）	2019年常住人口（万）	人口增长率	新增人口（万）
广州	本科以上学历	1490.44	1530.59	2.69%	40.15
宁波	中专以上学历	820.20	854.20	4.15%	34.00
佛山	50岁以下本科	790.57	815.86	3.20%	25.29
成都	45岁以下本科	1633.00	1658.10	1.54%	25.10
长沙	35岁以下本科	815.47	839.45	2.94%	23.98
重庆	就业落户	3101.79	3124.32	0.73%	22.53
郑州	中专以上	1013.60	1035.20	2.13%	21.60
西安	本科以上学历	2000.37	2020.35	1.00%	19.98
厦门	45岁以下本科	411.00	429.00	4.38%	18.00
武汉	40岁以下本科	1108.10	1121.20	1.18%	13.10
青岛	45岁以下本科	939.48	949.98	1.12%	10.50
合肥	大专以上	808.70	818.90	1.26%	10.20
石家庄	无门槛	1095.16	1103.12	0.73%	7.96
东莞	50岁以下本科	839.22	846.45	0.86%	7.23
南京	40岁以下本科	843.62	850.55	0.82%	6.93
福州	35岁以下本科	774.00	780.00	0.78%	6.00
上海	积分落户	2423.78	2428.14	0.18%	4.36
太原	45岁以下本科	438.09	442.14	0.92%	4.05
苏州	40岁以下本科	1072.17	1074.99	0.26%	2.82
天津	40岁以下本科	1559.60	1561.83	0.14%	2.23
无锡	45岁以下本科	657.45	659.15	0.26%	1.70
呼和浩特	中专以上	312.64	313.68	0.33%	1.04
北京	积分落户	2154.20	2153.60	−0.03%	−0.60

2.3.2 全民生态环保意识增强，推动行业投资快速增长

2.3.2.1 社会对生态系统和环境保护关注力度不断提高，"两山理论"成为社会共识

在国务院2016年11月发布的《"十三五"生态环境保护规划的通知》（国发[2016]65号）中明确指出把生态文明建设上升为国家战略。经济的快速发展造成各种环境问题不断显现，生态环境污染程度不断升高，大自然对社会的反

调节作用越来越显著，节能环保越来越成为社会民众的诉求。

"绿水青山就是金山银山"。2017年10月18日，习近平总书记在十九大报告中指出，坚持人与自然和谐共生，必须树立和践行绿水青山就是金山银山的理念，坚持节约资源和保护环境的基本国策。习近平总书记的"两山"重要思想，充分体现了马克思主义的辩证观点，系统剖析了经济与生态在演进过程中的相互关系，深刻揭示了经济社会发展的基本规律，同时也反映了当前社会的普遍共识。

生态文明建设要求转变建筑业发展模式，作为工程建设灵魂的工程技术服务行业，是产业链的关键性环节，提高行业技术水平，抓住节能环保产业政策红利，创新行业服务模式，势在必行。

2.3.2.2 环境污染治理固定投资总额逐年增加，推进生态文明建设

在"美丽中国"战略推动下，生态保护和环境治理业的投资持续高速增长，"十三五"期间复合增长率超过30%，成为投资增长最为亮眼的细分领域。随着长江大保护、黄河流域生态治理上升为国家战略，生态治理投资将逐渐上升为基础设施领域投资的重要组成。未来在水环境/流域综合治理、土壤修复、固废处理等方面将获得巨大的市场空间（图2-8）。

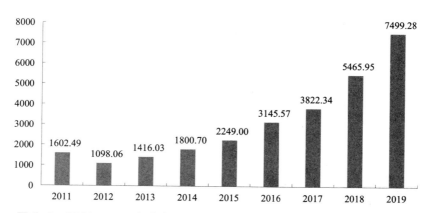

图2-8 2011—2019年生态环保与环境治理业固定资产投资情况（亿元）[1]

---

[1] 数据来源于国家统计局。

2.4 技术环境

2.4.1 数字化经济发展上升为国家发展层面，技术的创新应用将推动产业全面升级

2.4.1.1 加快数字化发展，推动数字经济和实体经济深度融合

国家"十四五"规划提出加快数字化发展，推动数字经济和实体经济深度融合。"十四五"规划要求发展数字经济，推进数字产业化和产业数字化，推动数字经济和实体经济深度融合，打造具有国际竞争力的数字产业集群。加强数字社会、数字政府建设，提升公共服务、社会治理等数字化智能化水平。建立数据资源产权、交易流通、跨境传输和安全保护等基础制度和标准规范，推动数据资源开发利用。扩大基础公共信息数据有序开放，建设国家数据统一共享开放平台。保障国家数据安全，加强个人信息保护。提升全民数字技能，实现信息服务全覆盖。积极参与数字领域国际规则和标准制定。

2.4.1.2 移动互联网、5G、大数据、人工智能等普适性技术的快速发展深刻改变社会和经济格局，互联网由消费端向产业端过渡，带动产业大力发展

2017年7月8日国务院发布《新一代人工智能发展规划》（国发[2017]35号）首次从国家层面强调人工智能的战略地位。在移动互联网、大数据、超级计算等新技术的驱动下，人工智能产业迎来新一轮的发展浪潮，正在成长为经济发展的新引擎，同时也对传统行业带来强有力冲击。据Sage预测，到2030年人工智能的出现将为全球GDP带来14%的额外提升。

2018年12月中央经济工作会议重新定义了基础设施建设，把5G、人工智能、工业互联网、物联网定义为"新型基础设施建设"，随后"加强新一代信息基础设施建设"被列入2019年政府工作报告。

2020年3月，中共中央政治局常务委员会召开会议提出，加快5G网络、数据中心等新型基础设施建设进度。

2020年3月，工信部印发《关于推动工业互联网加快发展的通知》（工信厅信管[2020]8号），提出加快新型基础设施建设、加快拓展融合创新应用、加快

工业互联网试点示范推广普及、加快壮大创新发展动能、加快完善产业生态布局和加大政策支持力度6方面20项措施。

2020年5月，在两会上，新基建首次被写入《政府工作报告》，再次凸显了党中央和国务院高度重视以5G网络、人工智能、工业互联网、物联网、数据中心、云计算、固定宽带、重大科技设施为重点，致力于打造数字化、智能化的新型基础设施建设，以及运用数字化、智能化技术改造提升传统基础设施。

"新基建"的大力发展对勘察设计行业带来了新的启示，机会和挑战并存，行业格局不确定性进一步加强。

2.4.1.3 随着大数据、云计算、人工智能、区块链等技术的"赋能"，建筑行业也迎来了新的转折点

产业数字化变革已在全球范围内呈现风起云涌之势，我国也正在积极发展数字经济，"数字中国"概念在十九大报告中出现，数字中国的提出，让建筑业数字化转型具备了良好的基础。

目前我国建筑业的数字化仍在低位运行，数字化转型任重道远。从国际来看，目前全球建筑业科技含量低，科技投入不足1%，全球建筑业数字化应用水平仅高于农业，排名倒数第二。全球只有不到2%的建筑企业在数字化转型方面投入超过营业额5%的研发资金，67%的建筑企业只投入不到1%的资金。根据全球建筑业投资额预测，增至1%研发资金将产生近6000亿美元的投资，增至5%的研发资金将产生近3万亿美元投资。未来十年基础设施建设投资将推动建筑业数字化进程。预计到2030年，全球在基础设施建设方面，将需要支出57万亿美元以跟上GDP的增长步伐。对于建筑业来说，这是一个巨大的刺激，让业内公司通过新技术和改进操作来寻找解决方案，以改造生产和项目交付。

2.4.2 BIM、智慧化等技术的普及，以及低碳绿色设计和建造理念的扩展，将颠覆传统生产方式，引领工程建设企业转型升级

2.4.2.1 在国家和各地政府倡导下，BIM应用逐步普及，并对各阶段的BIM技术应用进行审核检查

2011年，住房和城乡建设部发布《2011—2015年建筑业信息化发展纲要》，

第一次将 BIM 纳入信息化标准建设内容。2014 年 7 月住房和城乡建设部发布《关于推进建筑业改革和发展的若干意见》，要求推进 BIM 等信息技术在工程设计、施工和运行维护全过程的应用，探索开展白图代替蓝图、数字化审图等工作。2016 年发布《2016—2020 年建筑业信息化发展纲要》，BIM 成为"十三五"建筑业重点推广的五大信息技术之首。2017 年 2 月，国务院发布《关于促进建筑业持续健康发展的意见》，提到加快推进建筑信息模型技术在规划、勘察、设计、施工和运营维护全过程的集成应用。

各省市为了落实 BIM 技术的应用也出台相应政策。例如，2017 年，上海市住房城乡建设委与市规土局联合发布《关于进一步加强上海市建筑信息模型技术推广应用的通知》（以下简称《通知》）。《通知》明确，在建设监管过程中将对本市规模以上的建设工程应用 BIM 技术的情况予以把关。在土地出让环节，将 BIM 技术应用相关管理要求纳入国有建设用地出让合同。在规划审批环节，可根据项目情况，在规划设计方案审批或建设工程规划许可环节，运用 BIM 模型进行辅助审批。在报建环节，对建设单位填报的有关 BIM 技术应用信息进行审核。在施工图审查等环节，对项目应用 BIM 技术的情况进行抽查，年度抽查项目数量不少于应当应用 BIM 技术项目的 20%。在竣工验收备案环节，可根据项目情况，要求建设单位采用 BIM 模型归档，并在竣工验收备案中审核建设单位填报的 BIM 技术应用成果信息。

2.4.2.2 智慧化是技术发展下催生的重要新趋势之一，智慧城市和与之对应的"智慧+"业务空间广阔

工程建设技术智慧化发展已经成为工程建设行业发展的重要趋势，尤其是与城市相结合的智慧城市，是建设新型城镇化的重要手段之一，将为建筑智能化等相关业务带来新的增长空间。

智慧城市的建设已经被列入国家级战略规划。智慧城市是把新一代信息技术充分运用在城市中各行各业基于知识社会下一代创新（创新 2.0）的城市信息化高级形态，实现信息化、工业化与城镇化深度融合，有助于缓解"大城市病"，提高城镇化质量，实现精细化和动态管理，并提升城市管理成效和改善市民生活质量。智慧城市作为未来的发展方向，需要不断夯实基础。

2010年，IBM正式提出了"智慧的城市"愿景，希望为世界和中国的城市发展贡献自己的力量。IBM经过研究认为，城市由关系到城市主要功能的不同类型的网络、基础设施和环境六个核心系统组成：组织（人）、业务/政务、交通、通信、水和能源。这些系统不是零散的，而是以一种协作的方式相互衔接。而城市本身，则是由这些系统所组成的宏观系统。

2012年，国家发布《国家智慧城市试点暂行管理办法》（建办科[2012]42号），确定首批90个国家智慧城市试点城市；2013年，20个国家"智慧城市"技术和标准试点城市确定。

2014年，经国务院同意，国家发展改革委、工信部、科技部、公安部、财政部、国土部、住房和城乡建设部、交通运输部八部委印发《关于促进智慧城市健康发展的指导意见》（发改高技[2014]1770号，以下简称《意见》），要求各地区、各有关部门落实意见提出的各项任务，确保智慧城市建设健康有序推进。《意见》作为战略政策文件，为中国的智慧城市建设确立了基本原则。

2014年国务院颁布的《国家新型城镇化规划（2014—2020年）》中明确提出"推进智慧城市建设"，智慧城市是建设新型城镇化的重要手段之一。

2015年底，中央网信办、国家互联网信息办提出了"新型智慧城市概念"。

2016年12月国务院正式发布《"十三五"国家信息化规划》，其中确定了新型智慧城市的建设行动目标："到2018年，分类分级建设100个新型示范性智慧城市"。

国家"十四五"规划《建议》要求加快数字化发展，推进以人为核心的新型城镇化建设，提高城市治理水平，加快智慧城市建设。

截至2015年4月，住房和城乡建设部和科技部已公布三批国家智慧城市试点名单，城市试点已达300个。至2016年6月，全国95%的副省级以上城市、超过76%的地级城市，超过500座城市明确提出或正在建设智慧城市。截至2017年底，中国超过500个城市均已明确提出或正在建设智慧城市。2019年以来，我国智慧城市支出不断增加，2020年预计将达到266亿美元，智慧城市规划投资达到3万亿元，建设投资达到6000亿元。比如深圳规划投资485亿元，福州155亿元，济南97亿元，西藏日喀则市33亿元，银川21亿元。据IDC最新发布的《全球智慧城市支出指南》预测，至 2020 年，全球智慧城市市场相关投资总额将达到 1144 亿美元，全球智慧城市支出将在 2021 年开始逐渐提高增长速度，并在 2020—2024 年的预测期间内实现 14.6% 的复合年增长率。

目前智慧城市应用主要包括智慧交通、智慧安防、智慧水务等。同时，有 1.2 万余家 ICT 厂商参与到智慧城市建设中，系统集成三级资质以上企业 7000 余家，传统 CT 厂商，像华为、中兴，还包括互联网企业 BAT；有 10 余万家轻应用、微服务商，提供了近 740 余万款智慧城市相关的 APP 软件（图 2-9）。

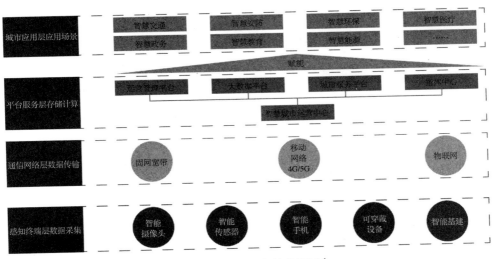

图 2-9　智慧城市整体框架[1]

2.4.2.3　以低碳绿色为核心的绿色设计和建造理念逐步扩展，成为未来的重要发展趋势

国家低碳绿色战略稳步推进，给绿色建筑市场提供了广阔的发展空间。绿色建筑是为人类生活、工作空间创造优雅、舒适、安全、卫生、节地、节水，综合用能，多能转换，自然空调，生态平衡，立体绿化等有利于生态循环的绿色环境。近年来发布的《关于加快推动我国绿色建筑发展的实施意见》《绿色建

---

[1] 资料来源于德勤会计师事务所。

筑行动方案》《国家新型城镇化规划（2014—2020 年）》以及《建筑节能与绿色建筑发展"十三五"规划》等文件，都大力支持绿色建筑发展。

绿色建筑的范围很广，包括如充分利用自然条件，设计更节约能源的建筑；采用绿色建材和设备，降低建筑能源与资源的消耗；以工厂化方式建造住宅，走住宅产业化的方向，大幅度节约人工、减少能源和材料浪费；对房屋装修实施全装修，减少装修垃圾，同时也减少装修的噪声污染等。

2020 年 7 月，住房和城乡建设部等 7 部门联合发布《绿色建筑创建行动方案》（建标 [2020]65 号），要求到 2022 年，当年城镇新建建筑中绿色建筑面积占比达到 70%，星级绿色建筑持续增加，既有建筑能效水平不断提高，住宅健康性能不断完善，装配化建造方式占比稳步提升，绿色建材应用进一步扩大，绿色住宅使用者监督全面推广，人民群众积极参与绿色建筑创建活动，形成崇尚绿色生活的社会氛围。

同时，2020 年 7 月，住房和城乡建设部等 6 部门共同研究制定了《绿色社区创建行动方案》（建城 [2020]68 号，以下简称《方案》)，《方案》指出，绿色社区创建行动以广大城市社区为创建对象，将绿色发展理念贯穿社区设计、建设、管理和服务等活动的全过程，以简约适度、绿色低碳的方式，推进社区人居环境建设和整治，不断满足人民群众对美好环境与幸福生活的向往。《方案》要求到 2022 年，绿色社区创建行动取得显著成效，力争全国 60% 以上的城市社区参与创建行动并达到创建要求，基本实现社区人居环境整洁、舒适、安全、美丽的目标。方案要求推进社区基础设施绿色化，积极改造提升社区供水、排水供电、弱电、道路、供气、消防、生活垃圾分类等基础设施，在改造中采用节能照明、节水器具等绿色产品、材料；综合治理社区道路，消除路面坑洼破损等安全隐患，畅通消防、救护等生命通道。加大既有建筑节能改造力度，提高既有建筑绿色化水平。实施生活垃圾分类，完善分类投放、分类收集、分类运输设施；综合采取"渗滞净用排"等举措推进海绵化改造和建设，结合本地区地形地貌进行竖向设计，逐步减少硬质铺装场地，避免和解决内涝积水问题。

第二篇
观行业：勘察设计行业新发展

从建筑业发展来看，行业整体的增速逐步放缓。2001—2011年间我国建筑业年均增长率约为20%，建筑业产值从2001年的1.5万亿元增加到2011年的11.6万亿元；2012—2019年间，我国建筑业年均增长率约为10%，建筑业产值从2012年的113万亿元增加到2019年的24.8万亿元。"十四五"期间预计建筑业增速将下降到6%左右，到2025年，我国建筑业产值将会达到35万亿元。随着国民经济进入高质量发展阶段，建筑业进入整体规模扩大与增长速度放缓的新发展阶段已成为不争的事实，对于依靠技术优势在建筑产业链中占据了上游环节的勘察设计企业来说，也迎来了以高质量发展、差异化发展、整合发展和跨界发展为典型特征的新发展阶段。

3 国际勘察设计行业发展趋势

从全球工程勘察设计行业发展以及美国等典型国家的经验来看,主要呈现以下主要趋势:

(1)城镇化率达到60%以上行业增速明显放缓。以日本和美国为例,日本在1962年城镇化率达到65%后建筑业增速出现显著下降,在1974年城镇化率达到75%后增速进一步放缓到5%左右;美国在1951年城镇化率达到65%后行业增速显著下降,在1985年城镇化率达到75%后一度出现10%左右的负增长,此后长期在10%以内低速增长。

(2)行业集中度高。在城镇化进程快速推进阶段,勘察设计行业以分散为显著特征,而当国家城镇化率达到75%以上,随着工程建设投资的逐步放缓,勘察设计行业的增量减少,行业竞争加剧,行业集中度也将逐步提高,行业资源快速向头部企业集中,形成典型的"马太效应"。以美国建筑设计行业为例,目前美国的城镇化率在85%以上,当前美国的建筑设计行业呈现高度集中的态势,约94%的建筑设计企业为不足50人的小企业,约6%的企业拥有行业50%以上的从业人员并占据了50%以上的市场份额,行业集中度很高。

(3)布局国际化。在欧美日等发达经济体,受限于国内市场的萎缩,大量工程勘察设计企业依托于自身的技术实力,大力开拓海外市场,一般海外业务占比在40%以上,部分优秀企业海外业务可占到90%以上(如德国的豪赫蒂夫公司,其德国以外的业务营业收入占比达到95%以上)。此外,在国际业务拓展的过程中,亚太地区作为全球的投资热点,也成为几乎所有全球优秀企业布局的核心区域之一。

(4)工程总承包模式占比较高。从业务模式来看,国际市场的工程总承包模式较为成熟，绝大多数勘察设计企业都以工程公司的模式运行，以承担工程总承包业务为主要业务来源。根据美国设计-建造学会的报告，国际上"设计-建造"类工程总承包比例目前已超过一半。以 2019 年 ENR 全球设计企业前 50 强为例，单一的设计企业仅有 2 家，其余企业均涉及工程总承包业务，其中国内企业 22 家，数量上仅低于美国的 38 家，已经具有较强的国际影响力，上榜企业也大多以工程总承包业务为主。

4 国内勘察设计行业发展趋势

4.1 企业及人员规模发展趋势

行业统计数据表明，2015—2019 年勘察设计行业从业人员整体呈稳步上升趋势。截至 2019 年末，勘察设计行业从业人员增长至 463.1 万人，其中，勘察人员 15.8 万人，与上年相比增加了 8.0%；设计人员 102.5 万人，与上年相比增加了 10.7%。2015—2019 年，勘察设计行业从业人员增长了 52.19%，年复合增长率为 11.07%（图 4-1）。

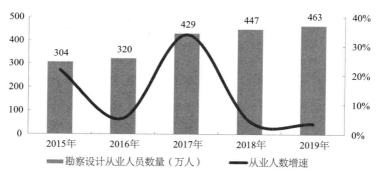

图 4-1 2015—2019 年勘察设计行业从业人员数量及增速变化情况[1]

根据《全国工程勘察设计企业统计资料汇编》，2015—2019 年我国勘察设计企业数量整体呈稳步上升趋势，仅 2018 年有小幅度下滑。截至 2019 年底，我国勘察设计企业数量增加至 23329 个，其中，工程勘察企业 2325 个，占企业总数 9.8%；工程设计企业 21327 个，占企业总数 89.8%。2015—2019 年，勘察设

---

[1] 数据来源于《全国工程勘察设计企业统计资料汇编》。

计企业数量增长了5.91%，年复合增长率为3.76%（图4-2）。

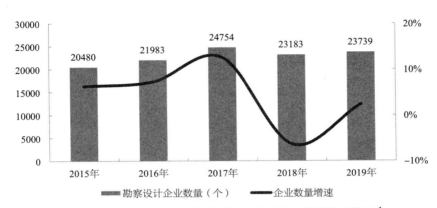

图4-2　2015—2019年勘察设计企业数量及增速变化情况[1]

4.2　业务及业务机构发展趋势

根据《2019年全国工程勘察设计统计公报》，2019年勘察设计企业营业收入总计64201亿元，同比增长24%。2019年勘察设计行业工程总承包收入33639亿元，同比增长29%，占总营收的52%，比2015年的占比35%提升17个百分点，说明工程总承包逐渐成为勘察设计行业收入增长的主要来源（图4-3）。

利润总额方面，根据《全国工程勘察设计企业统计资料汇编》，工程勘察设计企业自2015年企业利润总额保持逐年增长，整体发展处于健康状态。2019年全国工程勘察设计企业全年利润总额为2722亿元，同比增加10.92%，2015—2019年勘察设计行业利润总额增长67.61%，年均复合增长率为13.78%（图4-4）。

1　数据来源于《全国工程勘察设计企业统计资料汇编》。

图 4-3　2015—2019 年勘察设计企业营收、营收增速及工程总承包收入、增速变化情况[1]

图 4-4　2015—2019 年勘察设计企业利润总额变化情况

营收结构方面，勘察设计企业的主营业务收入结构已然发生变化。在国家政策推动下，工程总承包收入占比呈现增长趋势，2019 年工程总承包收入 33639 亿元，占总营业收入的 52.4%，已处于主导地位。工程勘察收入和工程咨询业务收入占比基本保持稳定，工程设计收入占比逐年减少。勘察设计行业已基本脱离以传统勘察设计为主业的发展模式，覆盖全产业链的业务模式已经基本成熟（图 4-5）。

---

[1] 数据来源于《全国工程勘察设计企业统计资料汇编》。

4 国内勘察设计行业发展趋势

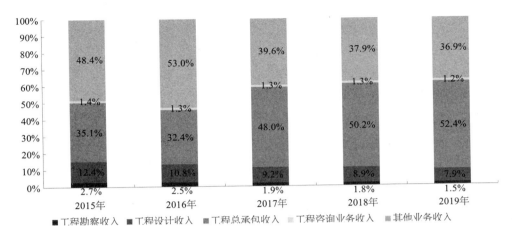

图 4-5　2015—2019 年各类业务收入占总营业收入的比例变化情况[1]

4.3　人均生产效率发展趋势

人均营收方面，根据《全国工程勘察设计企业统计资料汇编》，2015—2019 年勘察设计行业人均营业收入保持稳步增长，2019 年人均营收为 139 万元、同比增加 19.6%，2015—2019 年人均营收年均复合增长率为 11.78%（图 4-6）。

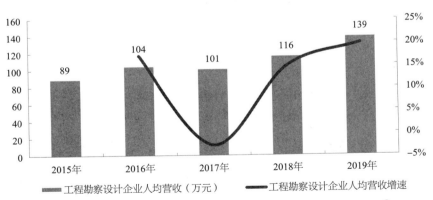

图 4-6　2015—2019 年勘察设计企业人均收入及增速变化情况[2]

1　数据来源于《全国工程勘察设计企业统计资料汇编》。
2　数据来源于《全国工程勘察设计企业统计资料汇编》。

人均利润方面，根据《全国工程勘察设计企业统计资料汇编》，2015—2019年勘察设计企业人均利润整体呈现波动、小幅增长状态，其中2016年人均利润6.1万元，为近五年最高水平，原因是前期工程总承包等增速明显，而目前已趋于稳定。2019年人均利润5.9万元，同比增加7.14%，人均利润年复合增长率为2.42%，年复合增长幅度较小（图4-7）。

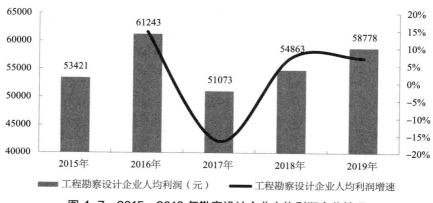

图4-7 2015—2019年勘察设计企业人均利润变化情况

4.4 细分行业差异化发展趋势

根据历年《全国工程勘察设计企业统计资料汇编》，2015—2019年，大部分勘察设计细分行业的设计营业收入有所增加，其中军工、建筑、水利三个细分行业增速最快，年复合增长率分别为59.14%、51.73%和49.95%。2019年，水运、铁道、军工、公路、电子通信广电行业的设计人员其人均设计营收位列前五，分别为100.51、78.94、78.24、74.33和72.68万元。与2015年相比，2019年大部分细分行业设计营业收入有所增加，但营收占比有所下降，这与全行业内推行总承包、工程咨询等新业务模式较为吻合。

就市政行业而言，2019年设计人员人均设计营收60.10万元，2015—2019年营业收入年复合增长率为32.84%，在21个细分行业中排名第7位，增速处于中上游水平，市场吸引力较高（表4-1）。

2015—2019 年勘察设计细分行业发展数据统计[1]

表 4-1

序号	细分行业	营业收入年复合增长率	2019年设计营业收入占比	相较于2015年营收占比的变化值	2019年设计人员人均设计营收（万元）
1	军工	59.14%	27.29%	7.63%	78.24
2	建筑	51.73%	6.73%	−10.68%	46.85
3	水利	49.93%	12.15%	−22.23%	45.25
4	公路	42.43%	7.98%	−9.21%	74.33
5	石油天然气（海洋石油）	37.26%	21.54%	−6.00%	64.86
6	电子通信广电	33.82%	24.15%	−31.86%	72.68
7	市政	32.84%	18.42%	−2.79%	60.10
8	机械	29.81%	15.61%	−15.29%	57.03
9	铁道	28.33%	5.84%	3.57%	78.94
10	化工石化医药	23.78%	13.34%	0.92%	42.81
11	电力	22.54%	15.17%	−4.53%	70.64
12	水运	21.41%	8.20%	4.86%	100.51
13	商务粮	20.51%	22.67%	−20.00%	30.38
14	冶金	17.58%	13.10%	2.93%	51.54
15	农林	16.43%	34.87%	−13.65%	18.40
16	煤炭	3.75%	21.23%	3.86%	38.90
17	建材	3.29%	3.56%	1.18%	20.43
18	核工业	2.10%	17.05%	−4.83%	64.66
19	海洋	−2.48%	1.79%	−5.55%	6.72
20	民航	−11.61%	41.87%	−17.44%	24.33
21	轻纺	−17.97%	23.39%	3.48%	24.96
22	全行业	38.57%	9.36%	−7.44%	53.91

---

1 数据来源于《全国工程勘察设计企业统计资料汇编》。

4.5 整合重组发展逐步加速

4.5.1 市场化改革力度增强，强弱分化下兼并收购日益频繁

勘察设计行业整体呈现出主体多、集中度低、较为分散的特点。随着国有企业改革、行业市场化改革、工程建设模式改革等改革创新的深化和推进，行业内的集聚程度正在逐步提升，市场逐步向头部企业聚集，强弱分化显著的趋势正在加剧。

在这样的行业背景下，行业内的兼并收购日益频繁。一是"超级公司"成为大趋势，做大规模成为行业内大型企业的必然选择。国内少部分工程设计企业抓住机遇，加快进行并购重组，快速进行产业、区域的布局，进行新技术的投资和研发，在综合实力方面实现了质的飞跃并形成新的竞争优势。二是产业环境调整使勘察设计行业并购重组加速。以建筑设计行业为例，建筑设计行业服务的房地产行业的市场集中度在快速提升，大型巨无霸企业的垄断格局已经初步形成，未来中小型房地产开发商将加速被淘汰。而为了保证服务质量，超大型房地产开发商都会指定长期战略合作的"御用设计院"，未来房地产行业的建筑设计市场僧多粥少已成定局。

4.5.2 通过整合重组，勘察设计企业可以快速扩大企业规模、提高市场开拓能力和企业知名度，为企业发展提供额外的"加速度"

行业内使用整合重组手段的企业正在增加，典型的如苏交科等上市勘察设计企业通过整合发展的方式进行横向扩张，企业的竞争力有了明显的提升，企业的市值也在迅速上升，其中苏交科就由最初的千万级上升为百亿级的设计咨询企业。另外，在国有企业深化改革背景下，部分地方国有勘察设计企业正在向集团化发展，典型的如甘咨询，由甘肃省国资委整合包括甘肃省建筑设计院有限公司、甘肃省城乡规划设计院有限公司、甘肃省水利水电勘察设计研究院有限责任公司在内的8家勘察设计及其相关领域企业组建甘肃省工程咨询集团，并借由"三毛派神"在短时间内完成上市。天津市由国资委下属国兴资本运营

有限公司整合包括天津市市政工程设计研究总院有限公司、天津市建筑设计研究院有限公司、天津市城市规划设计研究院有限公司、天津市测绘院有限公司、天津市勘察设计院集团有限公司、天津市园林设计院有限公司、天津市水务勘察设计院有限公司、天津市人防工程设计研究院有限公司8家事业单位改制企业，组建海河设计集团有限公司，一方面助力天津市"北方设计之都"建设，另一方面也谋求通过整合同类资源实现集团化内部的高效协同和外部的集团化品牌。

4.6 跨界竞争日益增多

4.6.1 随着市场环境和需求的变化，跨细分行业的竞争日益增加

从行业本身发展情况来看，由于各细分行业分化发展日益明显，部分行业市场容量有限、发展趋势不佳，跨细分行业的竞争逐渐增加，从单一领域向多元化领域发展逐渐成为趋势。2020年12月，住房和城乡建设部发布关于《建设工程企业资质管理制度改革方案》，部分行业资质将合并，资质门槛将逐步弱化，这一跨行业发展的趋势将愈发明显。

从外部市场需求发展来看，市场正在从原有单一需求向综合性需求发展，从单一性问题解决方案向综合性问题解决方案转变，具有综合性、跨行业服务能力的勘察设计企业将会获得更多的发展机会，典型的如水环境治理类项目，跨水利、市政等多个行业，又如区域综合开发类项目，跨规划、市政、建筑等多个行业。随着外部市场需求的发展变化，此类项目的比重正在逐渐增加中，对未来勘察设计企业跨细分行业发展提出了要求。

4.6.2 工程建设模式改革导致产业链条边界模糊，勘察设计企业受挤压竞争影响

在原有的"平行承发包"模式下，设计、施工、监理等单位分别负责不同环节和不同专业的工作，项目管理的阶段性、专业分工割裂了建设工程的内在联系。由于缺少全产业链的整体把控，易出现信息流断裂和信息"孤岛"，影响工程建设的效率发挥和效益实现。

随着国家大力推广工程总承包、全过程工程咨询等新型工程建设模式，各产业链条环节之间的边界被逐步模糊，跨产业链条之间的企业竞争将日益激烈。在工程总承包模式被大力推广的背景之下，各省市相继在政策层面要求一定规模以上工程需要采用工程总承包模式，单纯的设计业务将越来越少，下游施工企业挤压勘察设计企业市场的现象日趋增加。2020年3月，新版《房屋建筑和市政基础设施项目工程总承包管理办法》正式实施，提出了设计施工双资质或联合体才能够承揽工程总承包项目。而在资质方面，勘察设计企业获得施工资质的难度更大，不利于勘察设计企业获得"双资质"，增加了勘察设计企业独立开展工程总承包业务的难度，未来勘察设计企业将会受到更大的挤压冲击。

根据住房和城乡建设部的勘察设计行业统计资料汇编，2019年工程总承包营业收入130806亿元，房屋建筑工程总承包总量达到12892亿元，占比超九成。

以工程建设行业龙头企业中建集团为例，中建集团2020年1—9月份重大项目签约达2883.1亿元，其中工程总承包合同额达862.5亿元，占比29.9%；传统施工总承包合同额2020.7亿元，占比70.1%。根据中建集团2019年年报，中建集团2019年国内签订的30亿以上的重大项目合同中，工程总承包合同签约为906.3亿元，占所有国内重大项目合同金额（2758.7亿元）的32.9%。

5 国内重点细分行业发展趋势分析

5.1 建筑设计行业发展趋势分析

5.1.1 建筑设计行业发展现状

5.1.1.1 近年来行业收入和利润持续增长，但随着外部环境变化，行业进入调整期

经历了 2015 年房地产行业调整的低谷后，2016 年起建筑设计行业恢复增长势头，近年来行业营业收入和利润屡创佳绩，2018 年更是达到历史新高。其中，2015—2018 年营业收入从 4868 亿元增长到 16156 亿元，平均年增长率为 49%，设计收入从 847 亿元增长到 1542 亿元，平均年增长率为 22%，净利润从 177 亿元增长到 458 亿元，平均年增长率为 37%。

但随着外部环境的发展变化，以及"房住不炒""经济双循环"等政策的推进，2019 年起行业逐步进入调整期（图 5-1）。

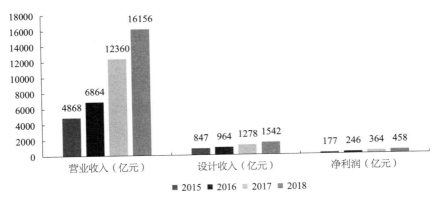

图 5-1 建筑行业近几年营业收入、设计收入和利润的变化情况[1]

---

[1] 资料来源于《全国工程勘察设计企业统计资料汇编》。

5.1.1.2 "大行业，小企业"是建筑设计行业的典型特征，未来行业整合空间巨大

2018年约有4700家建筑设计企业，占勘察设计全行业企业数量的20%左右，是整个勘察设计行业中最大的细分行业（图5-2）。

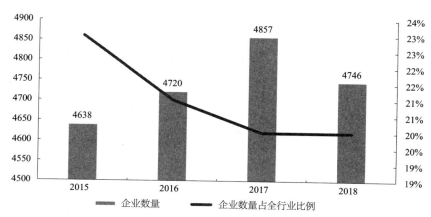

图5-2 建筑设计行业企业数量和占全行业比例[1]

但是，根据统计数据，建筑设计企业平均设计收入约3000万元，平均设计人员数量约66人，呈现"小企业"的特征。"大行业、小企业"的特征下，建筑设计行业市场分散，集中度低，市场开放，竞争激烈。伴随着上游房地产行业的快速整合，未来建筑设计行业面临加速整合的局面（图5-3）。

5.1.1.3 工程总承包业务占比增长迅速，推动建筑设计企业向一体化方向转型

根据统计数据，2015年建筑设计行业工程总承包收入为1595亿元，2018年工程总承包营业收入达9168亿元，年平均增长率达到120%（图5-4）。

2018年，工程总承包业务收入占建筑设计行业总营业收入的57%，已经成为行业主要营业收入来源。在工程总承包市场快速发展的同时，全过程咨询、建筑师负责制也将加速推广，建筑设计行业向着一体化、全过程服务的业务模式方向转型（图5-5）。

---

[1] 资料来源于《全国工程勘察设计企业统计资料汇编》。

5 国内重点细分行业发展趋势分析

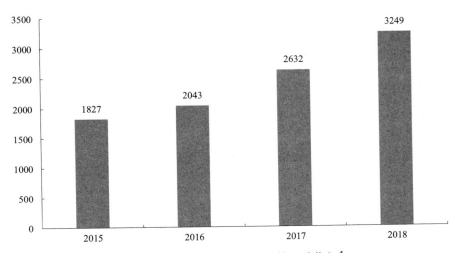

图 5-3 建筑设计行业企业平均设计收入[1]

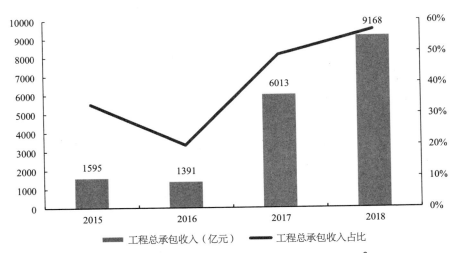

图 5-4 建筑设计行业企业工程总承包收入及占比[2]

---

1 资料来源于《全国工程勘察设计企业统计资料汇编》。
2 资料来源于《全国工程勘察设计企业统计资料汇编》。

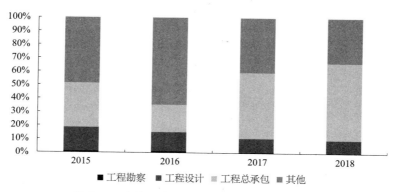

图 5-5 建筑设计行业企业营业收入构成情况[1]

5.1.2 建筑设计行业投资分析

5.1.2.1 房地产投资增速逐渐放缓，市场集中度快速提升

房地产投资在 2006 年到 2015 年高速增长，在 2015 年达到拐点，投资增速逐渐放缓，房地产行业发展进入新的阶段。受城镇化率、人均居住面积、可支配收入和"房住不炒"政策的影响，未来房地产行业投资增速将保持中低速增长（图 5-6）。

图 5-6 2006—2019 年房地产开发投资情况[2]

---

1 资料来源于《全国工程勘察设计企业统计资料汇编》。
2 资料来源于中金公司研报、国家统计局、科思顿研究。

房地产行业日渐成熟，近年来行业集中度提升显著。2019 年前 30 房地产企业销售额占整个行业约 50%，前 50 房地产企业销售额占整个行业约 60%，已经逐步形成了行业头部集聚现象，未来的房地产投资将进一步向大型房地产商集中（图 5-7）。

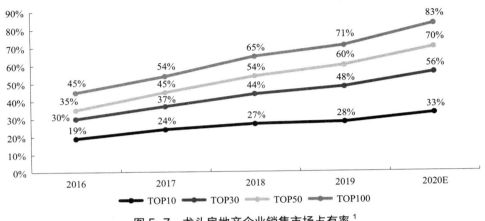

图 5-7　龙头房地产企业销售市场占有率[1]

5.1.2.2　房地产投资区域差异巨大，重点城市群是未来市场热点

房地产投资区域差异大，人口流入的重点城市群是市场热点。根据 2015—2018 年各省市房地产投资数据显示，各省市平均年投资额为 3452 亿元，平均年投资增长率为 7.79%。以这两个指标作为参照，可以说各省市房地产市场差异巨大。房地产行业投资有"短期看金融、中期看土地、长期看人口"的说法，而人口的流动方向是重点城市群。根据联合国预测，到 2030 年中国城镇化率将达约 70%，比 2017 年增加约 2 亿城镇人口。其中约 60% 将分布长三角、珠三角、京津冀、长江中游、成渝、中原、山东半岛七大城市群，相关城市将成为投资热点（图 5-8）。

---

[1]　资料来源于中金公司研报、国家统计局、科思顿研究。

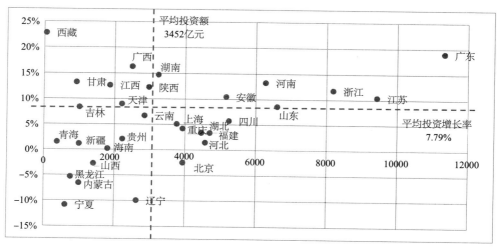

图 5-8　2015—2018 年各省市（自治区）平均年投资额及增长率

5.1.2.3　疫情对全民生活方式产生重大影响，对房地产产品提出新的要求

疫情对全民生活方式产生重大影响，对房地产产品提出了新的要求。疫情之后，消费者对于住宅的功能性、社区环境、配套及便民服务更加重视，房地产企业需要更多在产品功能性上展开比拼。在其他的产品领域，例如办公、商业建筑也提出了类似的新要求（表 5-1）。

疫情对房地产产品的影响　　　　　　　　　　　　　表 5-1

产品领域	影响
住宅	（1）对健康的需求与关注增强，绿色建筑迎来发展机遇； （2）需要更多的采光、开放空间及避免集聚，远郊需求上升； （3）传统居家养老及相应健康配套服务增加，集中化养老需求降低； （4）疫情将成为本已过热的公寓行业的拐点； （5）考虑到防控需求及社会距离，共享居住模式可能会面临严峻挑战
办公	（1）实体办公空间对于促进互动和协作仍然至关重要，但安全、健康和可持续性将被纳入建筑物设计的基础考量； （2）更频繁的远程办公可能会对未来实体办公的需求造成压力

5.1.2.4　投资重点变化，关注后城镇化时代的新机遇

进入"十三五"之后，根据统计数据，房地产投资各产品中，住宅投资持

续增长,而办公楼、商业地产投资持续下滑。随着城镇化进程进入中后期,房地产投资各产品的比重会有所变化,住宅投资增速将逐渐放缓。

在政府投资方面,进入"十三五"以来,教育、卫生、文化、体育等方面固定资产投资增长迅速。2015—2019年,教育领域固定投资复合增长率约为16%,卫生和社会工作复合增长率约为13%(图5-9)。

图5-9　2010—2019年公共机构领域投资情况[1]

后城镇化时代,民生改善类建筑例如医疗、教育等以及经济发展类建筑例如产业园区等是重要投资方向。此外,投资下沉,城乡协同发展也是政府投资逐渐关注的重点(表5-2)。

专项债投资领域　　　　　　　　　　　　　　　　　表5-2

行业	金额(亿元)		占比	
	2019年全年	2020年1—6月	2019年全年	2020年1—6月
基建	5347	6996	24.9%	67.6%
棚改	7171	0	33.4%	0.0%
土地储备	6866	0	32.0%	0.0%

1　数据来源于国家统计局。

续表

行业	金额（亿元）		占比	
	2019年全年	2020年1—6月	2019年全年	2020年1—6月
其他	2083	3347	9.7%	32.4%
医疗	235	219	1.1%	2.1%
教育	120	79	0.6%	0.8%
产业园	241	611	1.1%	5.9%
综合	765	896	3.6%	8.7%
社会事业	61	1114	0.3%	10.8%
乡村振兴	96	91	0.4%	0.9%
保障性住房	84	0	0.4%	0.0%
文化旅游	59	53	0.3%	0.5%
停车场	2	27	0.0%	0.3%
雄安新区	250	0	1.2%	0.0%
未分类	171	257	0.8%	2.5%
合计	21467	10344	100.0%	100.0%

2020年起，老旧小区改造"接力"棚改，投资迅速增长。根据住房和城乡建设部2019年的摸排，全国共有老旧社区17万个，建筑面积约40亿平方米，投资空间或超5万亿元，若按5年改造期来计算，预计每年可贡献1万亿元投资额。老旧小区改造取代旧棚改将成为"十四五"政府投资建筑项目中最大的细分领域。

中长期来看，和新基建相关的轨道交通和综合交通建筑投资会持续增长。我国高速铁路骨干网络已经日益成熟，但是在城际铁路、市域铁路、城市轨道交通建设方面还有较长时间的发展要求，相关业务潜力巨大。轨道上的都市圈正在加紧建设，半小时通勤圈、1小时交通圈等将为都市圈发展创造有利条件，TOD开发模式已经成为都市圈发展的常见做法。站区规划、铁路站台、车辆段上盖、交通枢纽、TOD综合体等业务市场空间广阔。

5.2 市政行业环境分析

5.2.1 整体发展情况与趋势

5.2.1.1 行业企业数量增长趋于平缓,从业人员数量回升,行业竞争加剧

2015—2019 年市政行业勘察设计企业数量呈上升趋势,从 2015 年的 823 家增至 2019 年的 1082 家,增长近 35%,2019 年市政行业勘察设计企业数量首次下降。近几年市政行业勘察设计企业数量逐步增加,但增速有所放缓,市政勘察设计企业增速基本高于工程勘察设计企业增速,较多新竞争者进入市场,竞争愈发激烈(图 5-10)。

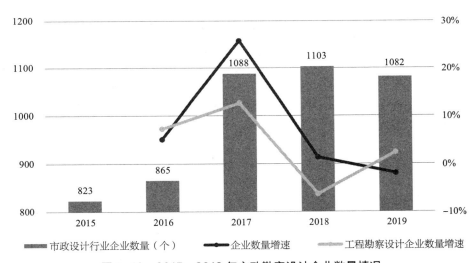

图 5-10　2015—2019 年市政勘察设计企业数量情况

平均从业人数上,从 2015 年的 123 人增长至 2019 年的 182 人,部分市政勘察设计企业近年规模有较大幅度的增加(图 5-11)。

5.2.1.2 行业勘察设计咨询等营收保持持续增长,利润总额保持增长,人均利润额处于较高水平

营业收入(仅含勘察、设计和咨询)由 2015 年的 218 亿增长至 2019 年的 596 亿,5 年间营收增长接近 3 倍,整体趋势向好(图 5-12)。

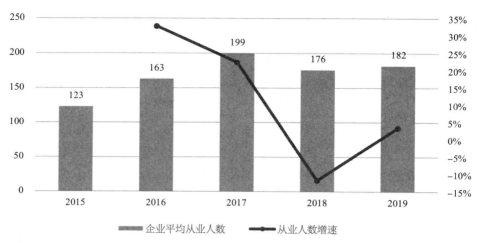

图 5-11 2015—2019 年市政勘察设计平均从业人数情况

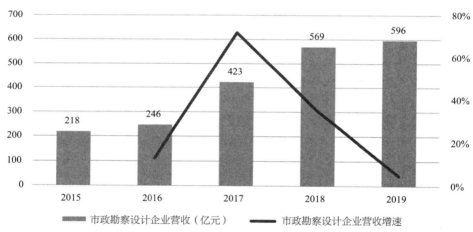

图 5-12 市政勘察设计企业营收（仅含勘察、设计和咨询）变化情况

市政行业勘察设计企业利润总额保持增长，2018 年利润总额达到 155.4 亿元，增速达到 54.3%，但 2019 年的利润增速为 -1%，出现利润下滑现象，但总体呈现较快增长趋势，预计未来仍将保持增长（图 5-13）。

市政勘察设计人均利润有一定的增长，但波动较大，从数值上看基本高于勘察设计行业平均值，也吸引了越来越多的勘察设计企业加入市政行业的竞争（图 5-14）。

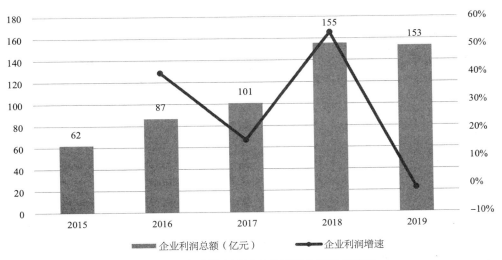

图 5-13　市政勘察设计企业利润总额变化情况

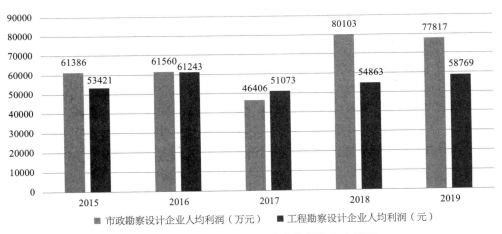

图 5-14　市政勘察设计企业人均利润变化情况

5.2.1.3　行业甲级资质企业数量增长较快，促使竞争进一步加剧

市政行业甲级资质由 2015 年的 191 家增加至 2019 年的 288 家，增加近 50%，市政设计行业甲级资质企业增速近几年大于市政勘察设计企业增速，行业内的市场竞争越来越激烈（图 5-15）。

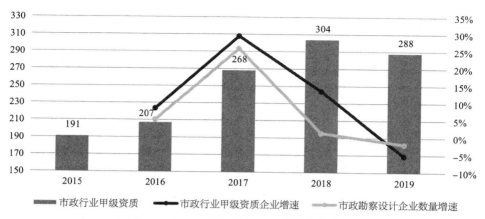

图 5-15　市政行业设计甲级资质企业变化情况

5.2.2 投资情况与趋势

5.2.2.1 从投资来源来看，地方财政拨款、国内贷款和企业自筹资金是城市市政建设固定投资的主要资金来源

地方财政拨款、国内贷款和企业自筹资金投入为主要的三大市政建设资金来源，地方财政拨款呈现稳定增长趋势，而企业自筹资金投入在 2017 年有较大的增长幅度，投资金额已达 4998 亿元，基本形成了"政府主导、地方为主、社会参与"的投融资建设形态（图 5-16）。

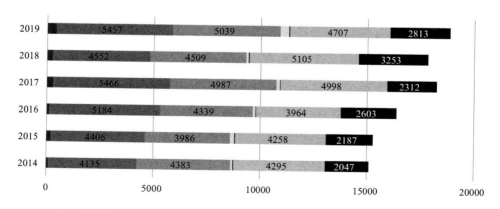

图 5-16　市政建设固定资产投资来源变化情况（亿元）

5.2.2.2　从投资用途来看，道路桥梁、轨道交通是城市市政公用设施投资建设的主要领域

随着城市化进程的不断发展，近年我国市政公用设施建设的固定资产投资基本保持逐年增长，但增速呈逐步放缓趋势，行业整体业务趋于平稳发展，未来预期市政行业市场空间稳中有升（图 5-17）。

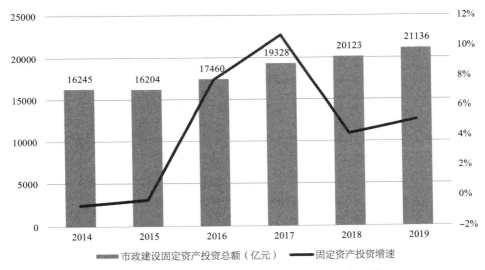

图 5-17　城市市政公用设施建设固定资产投资变化情况

道路桥梁、轨道交通是市政公用设施建设固定资产投资的主要领域，占比超过 60%，道路桥梁投资占比虽逐年降低，但仍是占比最高的投资领域，轨道交通投资占比逐年增加，地下综合管廊处于由无到有的状态（图 5-18）。

5.2.2.3　城市道路桥梁工程投资额整体呈下降趋势

2014—2019 年期间，仅 2016 年和 2019 年市政道路桥梁投资总额为正增长，其余年份均出现一定程度下滑，2019 年市政道路桥梁共计投资 7.7 千亿元，较 2018 年增幅 10.6%，与 2014 年基本持平。随着我国市政道路桥梁建设速度加快，未来相关建设投资预计会持续减少，道路桥梁将向高端市场进发，未来将向"高技术"、检测、运维、加固、养护等方向发展（图 5-19）。

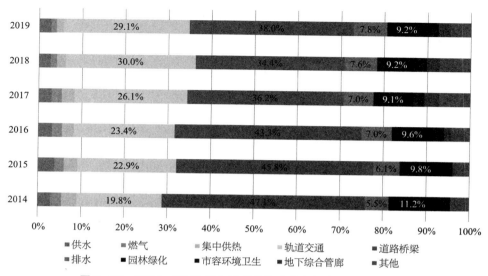

图 5-18　2014—2019 年市政行业细分业务投资总额分布情况

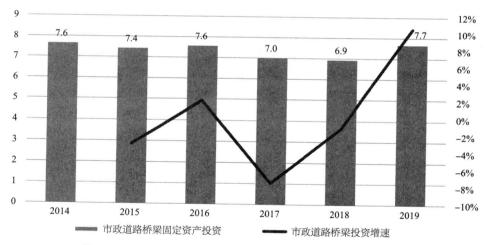

图 5-19　市政行业道路桥梁固定资产投资变化情况（千亿元）

截至 2019 年底，我国城市道路长度达到 45.9 万公里，共有城市桥梁 7.6 万座。从增长情况来看，除 2018 年外，近五年城市道路长度增加值整体呈下降趋势。城市桥梁建设方面，我国城市桥梁增加值整体呈上涨趋势，2014—2019 年平均每年新建城市桥梁 2800 余座（图 5-20）。

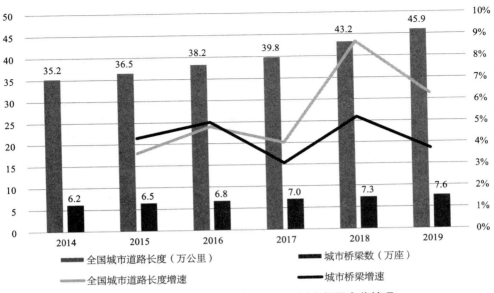

图 5-20 市政行业城市道路面积及城市桥梁变化情况

5.2.2.4 供水业务发展存在波动，排水业务增长速度较快，污水处理业务稳定上升

供水业务固定资产投资存在一定波动，近五年基本在 500 亿—600 亿元左右徘徊。随着供水基础设施的完善，供水领域的市场增长点主要来自改扩建、维修、运营等领域，预计供水业务投资在未来五年内呈平稳发展趋势。

排水业务固定资产投资逐年增长，整体增长速度较快，从 2014 年的 900 亿元投资增长至 2019 年的 1682 亿元，6 年复合增长 13.3% 左右。排水业务的增长源于对城市综合管理需求的提升以及生态环保意识的加强，随着海绵城市、绿色城市等新兴领域的发展，预计排水领域未来五年内依旧会保持一定的增长趋势，增速上趋于平缓（图 5-21）。

2014—2017 年污水处理基本保持在 400 亿—500 亿元投资之间，在 2018 年出现了暴发式的增长，2018 年污水处理固定资产投资达到 802.6 亿元，实现了高达 78% 的增长，2019 年基本维持了 2018 年的水平，新增市场仍有一段时间的发展，但这段时间也是增量和存量市场的换挡时期，污水处理投资将不断向"高精尖"延伸。未来的污水处理将呈现以高级技术、精密把控、尖端科技等为核心的发展方向（图 5-22）。

图 5-21　市政行业给水排水固定资产投资变化情况（亿元）

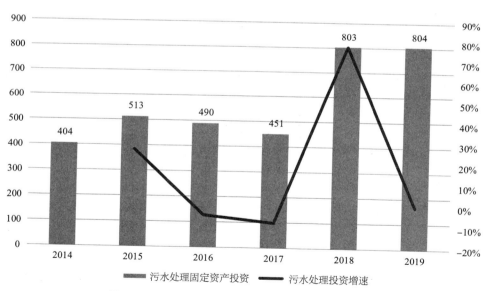

图 5-22　我国污水处理建设投资变化情况（亿元）

城市污水作为潜在水资源，具有集中、量大、水质较稳定的特点。污水资源化和循环利用是意义重大且行之有效的节水措施。2018 年我国城镇总供水量

729亿立方米，城镇污水排放量621亿立方米，而再生水利用量仅94亿立方米，再生利用比例16%，城镇污水再生利用潜力大。自2011年起，我国污水处理量处于增长阶段，增速上基本稳定，随着对环境的保护，人口的不断聚集，未来污水的处理还有一段稳步发展的时间（图5-23）。

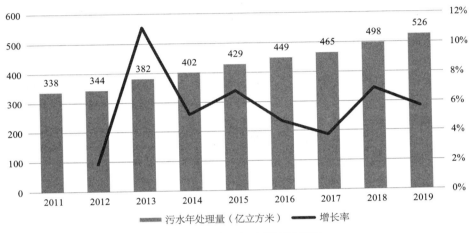

图 5-23 全国污水处理量情况

2020年7月底，国家发展改革委与住房和城乡建设部联合发布《城镇生活污水处理设施补短板强弱项实施方案》，要求2023年县级及以上城市设施能力要基本满足生活污水处理需求，并提出：（1）强化城镇污水处理厂弱项，实施污水处理厂升级和污水资源化；（2）补齐城镇污水收集管网短板；（3）加快推进污泥无害化处置和资源化利用；（4）推动信息系统建设。在此推动下，未来污水处理行业预计将形成三大趋势，一是污水资源化加速。此次出台的《方案》要求缺水地区、水环境敏感区域，要结合水资源禀赋、水环境保护目标和技术经济条件，开展污水处理厂提升改造，积极推动污水资源化利用，推广再生水用于市政杂用、工业用水和生态补水等。目前膜法技术是污水深度处理的最优方案，也是未来的发展方向，预计到2025年，我国膜法再生水处理市场总投资将达1071亿元。二是加速污水处理下沉，乡镇水处理市场开始加速。政策要求没有污水处理厂的县城要尽快建成生活污水处理设施，现有污水处理能力不能满足需求的城市和县城要加快补齐处理能力缺口。目前大型城市已基本实现了90%以上的污水处理率，未来污水处理厂新建需求将下沉至三四线城市以及乡镇地区。可以预测，5万吨/日以下处理规模污水处理项目将成为主要竞争市场，污水处理能力+配套管网将创造950亿元新增市场。三是重视污泥治理，最终实现"水、泥"共治。政策鼓励在土地资源紧缺的大中型城市采用"生物质利用+焚烧"处置模式，也鼓励采用厌氧消化、好氧发酵等方式处理污泥。污泥处理一直是国内污水处理的痛点之一，行业内一直有治水不治泥，等于未治水的观点，此次政策重视污泥处置，并鼓励各地因地制宜地选择污泥无害化和资源化技术路线，在一定程度上解决了行业痛点，污泥无害化需求将开始逐步释放，最终实现"水、泥"共治。

另外，随着长江大保护、黄河流域生态治理深入不断推进等政策要求，也给城市给水排水业务带来新的投资增长，以《长江保护修复攻坚战行动计划》为例，带动各省市水治理需求释放，主要来自污水处理设施建设和新增管网建设。据估测"长江大保护"带动水环境治理投资需2.24万亿元（表5-3）。

"长江大保护"带来的市场空间估算　　　　　　　　　　表5-3

省市	处理规模（万吨/日）	污水处理量（万吨）	排水管道长度（公里）	新建规模（万吨/日）	新建管网长度（公里）	投资（亿元）
上海	806.9	221501	19508.1	1049.0	2926.2	2991.7
江苏	1226.8	347250	72822.8	1594.8	10923.4	4548.5
浙江	885.1	251689	40549.5	1150.6	6082.4	3281.6
安徽	448.9	146603	26387.8	583.6	3958.2	1664.3
江西	256.4	78988	13326.5	333.3	1999.0	950.6
湖北	627.2	193663	23922.0	815.4	3588.3	2325.4
湖南	521.6	157268	13845.7	678.1	2076.9	1933.9
重庆	285.4	99369	15553.5	371.0	2333.0	1058.1
四川	564.0	171008	26485.6	733.2	3972.4	2091.1
贵州	183.9	51133	6060.3	239.1	909.0	681.8
云南	242.2	80455	13132.6	314.9	1969.9	898.0
总计	6048.4	1798927	271594.3	7862.9	40739.1	22425.0

因此，城市水务行业的市场规模也在"十三五"期间迎来快速增长，从2014年到2019年，由1714亿元上升至2991亿元，年复合增长率约12%，未来随着污水处理及水资源回收利用等业务营业收入的增长，加之节水业务市场潜力较大，未来城市水务行业仍将保持10%以上的复合增长速度继续增长（图5-24）。

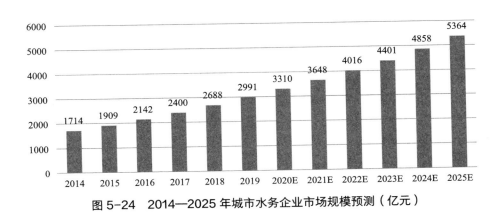

图5-24　2014—2025年城市水务企业市场规模预测（亿元）

根据现有的发展环境，未来城乡水务方面将呈现三大趋势。一是在城镇污水治理领域，从点源控制到面源控制、从被动防治到主动修复等方面的转变，为参与水环境治理的企业从领域、技术和工艺等方面都提供了新的发展空间。城镇污水处理和再生水利用设施的进一步完善将是今后市场和技术关注重点，合流制溢流污染和面源污染治理也将成为重点任务。二是农村污水治理工作需要进一步扎实推进。在全面摸清农村污水的污染情况以及处理设施现状，科学编制行动方案，因地制宜采用污染治理与资源利用相结合、工程措施与生态措施相结合、集中与分散相结合的合理治理模式和处理工艺，促进农业农村水资源的良性、可持续循环利用将是今后几年的重点工作任务。统筹推进农村厕所革命，全面促进农村黑臭水体治理工作深入、合理、健康发展。三是污水管网系统的完善和提质增效，会带来污水处理厂污泥量和有机物含量的增加，未来的污泥处理处置将会向着源头减量、梯级利用、城市污泥中C、N、P等高效资源化回收，末端处置等方向发展。污泥厌氧消化技术会是未来的一个热门方向，成本较低的沼气能源回收和土地利用为主的厌氧消化技术将会得到重视，土地利用为主的好氧发酵技术也将得到广泛应用。

另外，随着数字化技术的应用，发展"供排污"一体化智慧管控系统是智慧水务的重要趋势。通过整合、优化供水、排水、污水方面的人力、管理、技术资源，发挥协同管理效果，可以显著提高水务管理效率。从监控端分析，"供排污"一体化智慧管控系统可利用物联网、智能传感等技术，对各行政区划的水厂、污水处理厂、泵站及管网等设施形成分层级实时监控，促进供水、排水、污水处理数据相互联动，优化供水、排水的调度，提高运营效率。从管理端分析，"供排污"一体化智慧管控系统可利用云计算、大数据等技术优化供水、排水、污水处理等方面的人力资源、技术资源和管理能力，充分发挥企业协同管理效应，有效降低整体运营成本。在深圳、珠海、成都等地已经陆续开始推广应用。

5.2.3 区域发展情况与趋势

从分区域投资情况来看，市政行业未来呈现差异化发展的趋势。由统计数据来看，江苏、广东、北京等省市市政公用设施建设投资额巨大的同时，城市的城镇化率也高达 70% 以上，但本身投资额较大，空间依然存在；天津、上海等地城镇化率均高于平均线但投资额较少，未来竞争日趋激烈；四川、河南、江西、安徽等省份在城市投资额较大，城镇化率有进一步进步的空间；西藏、甘肃、青海、新疆等省份及自治区投资额过小，城镇化率较低，虽然城镇化率进步空间较大，但投资有限（图 5-25）。

5.3 电力行业环境分析

5.3.1 整体发展情况与趋势

5.3.1.1 总体发电量稳步增长，装机总量持续提高

根据国家统计局数据显示，我国电力生产行业总发电量从 2015 年的 58105.8 亿千瓦时稳步增长到 2020 年的 76236 亿千瓦时，2020 年生产增速 1.6%，生产增速略有放缓。其中，2020 年火力发电量为 51743 亿千瓦时，占 2020 年总发电量比重 68%（图 5-26）。

5 国内重点细分行业发展趋势分析

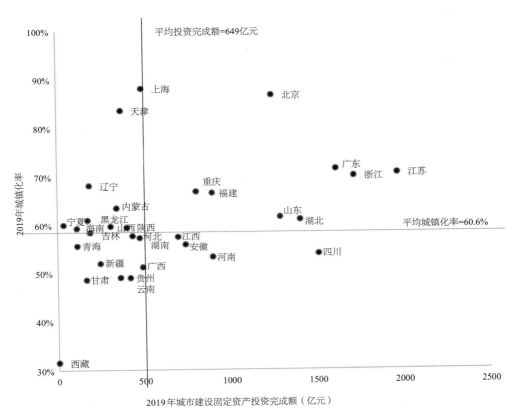

图 5-25 国内各城市市政公用设施建设投资额（亿元）和城镇化率情况

图 5-26 2015—2020 年电力生产行业总发电量发展情况

从装机容量上看，我国装机容量从 2015 年的 15 亿千瓦逐步增长到 2019 年的超过 20 亿千瓦，在装机容量不断增长的同时，增长速度不断放缓，2019 年增速约 5.8%（图 5-27）。

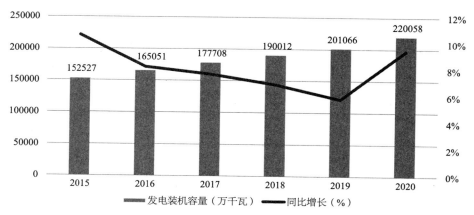

图 5-27　2015—2020 年发电装机容量发展情况

从装机容量构成来看，火电装机容量仍然占据主导，但是占比正在逐步下降，水电占比持续稳定，其他新能源，尤其是风电、太阳能发电占比增长迅速，总体来看，装机容量结构向清洁能源方向发展（图 5-28）。

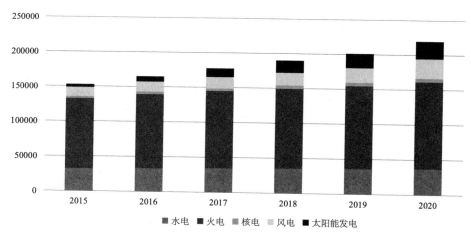

图 5-28　2015—2020 年发电装机容量构成发展情况

预计到 2025 年，我国总装机容量将达到 29.5 亿千瓦，清洁能源的装机达到 17 亿千瓦，装机占比提高到 57.5%，发电量占比提高到 45%。

5.3.1.2 常规水电国内集中在西南地区，国际部分区域存在潜力

我国常规水电发展已经完成规模化开发，截至 2020 年底，常规水电已建装机总量 33534 万千瓦，装机容量增速逐年递减，发展趋于平缓。目前在建规模约 5400 万千瓦，主要集中的四川、云南、西藏等西南地区，常规水电技术开发程度已经超过 55%。"十四五"期间，常规水电将重点加快开发金沙江上游、白鹤滩、雅砻江水电基地，优化开发西北黄河上游水电基地。预计到 2025 年，我国常规水电装机达到 3.9 亿千瓦，"十四五"期间新增约 5600 万千瓦。新增水电 81% 集中在西南地区，其中国家"十四五"规划中明确提出"实施雅鲁藏布江下游水电开发"，蕴含近 6000 万千瓦水电的开发，每年可提供近 3000 亿度清洁、可再生、零碳的电力。预计我国各区域常规水电装机及分布见表 5-4。

"十四五"常规水电装机规模及分布（单位：万千瓦） 表 5-4

分地区	2020 年	2025 年	"十四五"新增
全国	33534	39170	5637
华北地区	296	414	118
华东地区	2068	2100	32
华中地区	6016	6133	117
东北地区	819	819	0
西北地区	3284	4078	794
西南地区	9016	12292	3276
南方地区	12035	13335	1300

2019 年全球水电总装机容量达到 13.08 亿千瓦。目前水电仍是世界上最大的可再生能源发电来源。从国际资源分布来看，北美洲西北部、南美洲西部、欧洲南部、南亚及东南亚以及非洲部分地区水电资源较为丰富，但欧洲、北美地区水电开发程度较高，超过 2/3，故开发潜力有限。非洲、除中国之外的南亚及东南亚地区水电开发程度较低，开发潜力较大。南美洲开发程度与全球平均

开发程度大体持平。

常规水电在能源转型中依然发挥着"基石"作用,随着水电开发向西部河流上游地区布局,开发成本整体上升,市场竞争力总体有所下降,常规水电开发项目推进难度加大。

5.3.1.3 抽水蓄能开发建设总体平稳,增速持续放缓

"十三五"期间我国抽水蓄能装机规模总体保持平稳,增速呈现逐年下降态势。根据已建、在建和规划批复成果,目前纳入国家规划的抽水蓄能站点容量约 1.2 亿千瓦,截至 2019 年底,已建抽水蓄能电站总装机 3029 万千瓦,完成"十三五"规划投产目标的 75.7%,在建电站装机规模 5063 万千瓦,年度开工建设规模 688 万—955 万千瓦,主要集中在华北、华东区域(图 5-29)。

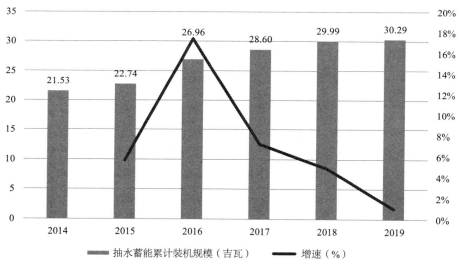

图 5-29　2014—2019 年全国抽水蓄能累计装机规模情况

"十四五"期间,抽水蓄能发展需求持续增加,投产规模有望提速,功能定位也将呈现多样化,抽水蓄能电站预计投产 0.36 亿千瓦,2025 年我国抽水蓄能装机达到 0.68 亿千瓦,主要布局在东中部地区。全国各区域抽水蓄能装机及分布见表 5-5。

"十四五"抽水蓄能装机规模及分布（单位：万千瓦）　　　　表 5-5

分布	2020 年	2025 年	"十四五"新增
全国	3182	6763	3581
华北地区	550	1390	840
华东地区	1186	2367	1181
华中地区	499	899	400
东北地区	150	570	420
西北地区	0	260	260
西南地区	9	129	120
南方地区	788	1158	360

5.3.1.4 新能源发电装机整体保持较快增长，未来仍有较大增长空间

"十三五"期间，我国电力结构绿色低碳化特征日益显现，发电行业更加注重清洁转型，加快绿色发展步伐，特别是风电光伏实现了超越式发展，整体一直保持了较高速增长。根据《电力发展"十三五"规划（2016—2020 年）》，到 2020 年，全国风电累计装机规模达到 2.1 亿千瓦，太阳能发电累计装机规模达到 1.1 亿千瓦。截至 2020 年底，全国风电累计装机规模达到 2.8 亿千瓦，太阳能发电累计装机规模达到 2.5 亿千瓦，装机总容量约为 5.3 亿千瓦，占装机总容量的 24%，较 2019 年增长 29.4%。"十三五"风电光伏规划目标圆满完成，光伏装机远超预期（图 5-30）。

2020 年联合国大会和气候峰会上，习近平主席宣布我国"2030 碳达峰，2060 碳中和"及"2030 年非化石能源比重达 25% 左右"等目标。为实现"碳达峰""碳中和"目标，根据国家规划，到 2030 年我国风电、太阳能发电总装机容量将达到 12 亿千瓦以上，也就是说在未来的 10 年中，保有着 2 倍以上的市场空间等待开发。"十四五"期间，"清洁、低碳、安全、高效"的能源发展与转型主题将更加鲜明，能源系统转型在各级政府和各部门工作中的权重将显著增大，流入能源转型相关领域的国有资本、社会资本和财政资金将显著增多，智慧能源产业将成为重要的经济增长点并支撑能源系统转型。

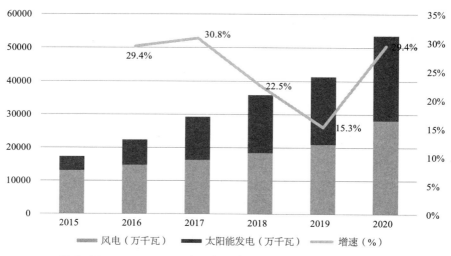

图 5-30 2015—2020 年历年风电光伏发电装机容量变化情况

5.3.1.5 能源需求增速减缓，需求结构向第三产业和城乡居民生活用电比重不断调整

"十三五"期间，随着我国经济由高速发展向高质量发展转变，全社会用电量在 2018 年达到 9.1% 的最大增速后逐渐回落实现平稳增长。2020 年，全国全社会用电量 75110 亿千瓦时，比上年增长 4.4%。国际局势变化和全球新冠肺炎疫情增加了我国未来发展的不确定性。若世界较早摆脱疫情困境，我国外贸恢复进程有望加速，国内国际双循环同向发力双轮驱动；若疫情持续时间较长、国际局势无明显改善，我国经济以国内大循环为主体的特征将更加凸显。预计"十四五"期间我国经济将保持中高速增长，年均增速在 5%—6% 区间。在相同发展阶段，美国、日本、韩国等电力国家消费弹性系数一般超过 1，电力需求增速超过 GDP 增速。"十四五"我国经济高质量发展，按照经济增长 5.5%，电力需求年均增速 4.4%，电力弹性系数为 0.8（图 5-31）。

分产业来看，第二产业用电量比重始终保持较高水平，第三产业和城乡居民生活用电的拉动效果明显。2020 年，第三产业和城乡居民生活用电对全社会用电量增长的贡献率分别为 8.5% 和 26.7%，两者合计达到 35.2%。随着经济发展方式转变和产业结构优化调整，高能耗、低效率的落后产能将逐步被淘汰，电力需求重心逐步远离高能耗行业，战略性新兴产业和现代服务业将成为用电增长的主要动力。"十四五"时期，现代服务业体系将继续壮大，数字经济与传统产业加速融合，智慧交通、电动汽车等新模式新业态快速兴起，将进一步拉动电力需求增长。城乡居民生活用电量还将持续稳定增长。电能的清洁、安全、便捷等优势将进一步促进电能替代。全社会电气化水平将再迈上新的台阶（图5-32）。

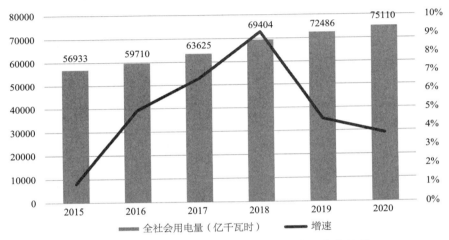

图 5-31 2015—2020 年历年全社会用电量变化情况

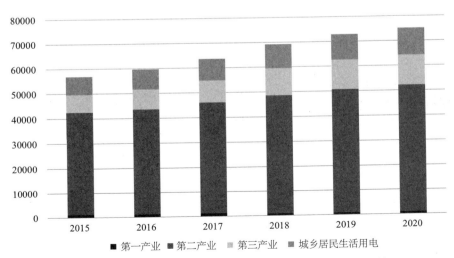

图 5-32 2015—2020 年历年分产业用电结构（亿千瓦时）

5.3.2 投资情况与趋势

5.3.2.1 电力行业投资下滑后反弹,电源投资占比呈现上升

"十三五"期间,电力行业投资呈现下滑后反弹的趋势,2020年全国电力建设完成9944亿元,同比上升9.6个百分点。其中电源工程和电网建设分别完成投资5244亿元、4699亿元。从近年投资占比来看,电网投资占比正在逐步下降,电源投资占比呈现上升趋势。

电源投资与建设结构日趋合理。2016—2020年,全国全口径发电装机容量分别为16.51亿千瓦、17.77亿千瓦、19.00亿千瓦、20.10亿千瓦、22.01亿千瓦,分别比上年增长8.2%、7.7%、6.5%、5.8%、9.5%;每年新增发电装机容量分别为12143万千瓦、13118万千瓦、12785万千瓦、10500万千瓦、19052万千瓦,其中,火电(燃煤与燃气发电)新增发电装机分别为5048万千瓦、4453万千瓦、4380万千瓦、4423万千瓦、5560万千瓦,非化石能源发电(包括水电、风电、光伏等)新增发电装机分别为7095万千瓦、9044万千瓦、8647万千瓦、6469万千瓦、13490万千瓦。总体而言,"十三五"期间我国电力供需形势总体相对宽松,化解煤电产能过剩效果较为明显,电力结构绿色低碳化特征日益显现。

电网投资与建设水平持续提升。2016—2019年,全国新增交流110千伏及以上输电线路长度和变电设备容量分别达到56679千米和34585万千伏安、58084千米和32595万千伏安、56973千米和31024万千伏安、57935千米和31915万千伏安,继续保持平稳有序的发展态势。"十三五"期间我国在特高压领域投资与建设大约是"十二五"期间的三倍,新增投产特高压交流或直流线路分别达到3条、7条、2条、4条和6条,大大地提高了电网跨大区电力优化配置和清洁能源消纳能力。另外,全国小城镇中心村电网改造全面完成,平原地区机井通电实现全覆盖,贫困村实现通动力电,电力普遍服务能力和系统调峰能力全面增强(图5-33)。

5 国内重点细分行业发展趋势分析

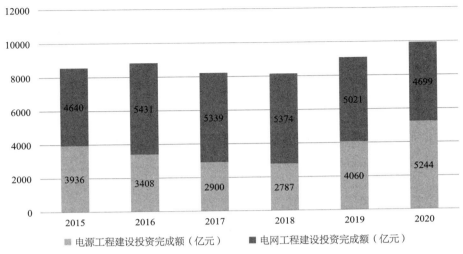

图 5-33　2015—2020 年历年电力工程建设投资完成情况

5.3.2.2　电源投资中，风电为首的新能源投资占比呈现增长趋势

从电源投资构成来看，受风电投资显著增长影响，电源投资总额出现回升。2020 年风电投资超过 2000 亿元，达到 2618 亿元，水电其次，为 1077 亿元，两者分别增长 70.6% 和 19.0%；火电和核电投资有所下降，分别为 553 亿元和 378 亿元，分别下降 27.2% 和 22.5%。整体来看，"十三五"期间火电投资持续萎缩，清洁能源投资占比呈现增长趋势（图 5-34）。

火电建设投资方面，2017 年，为防范化解煤电产能过剩风险，国家发展改革委、国务院国资委、国家能源局于联合印发了《2017 年分省煤电停建和缓建项目名单的通知》，对电力建设市场进行调控，停缓建煤电项目涉及 9 个省份 17 个地区，79 个项目；除此之外，地方电力投资项目也产生了大批自行停缓建的火电项目。2020 年，受调控和市场双重影响，火电建设投资达到新的低点。

水电建设投资方面，受到环境及市场影响，水电建设投资从 2014 年开始降低至 1000 亿元以下，2016 年达到 10 年来最低投资水平 617 亿元后开始呈现逐步回升势头。预计至 2023 年末，国内大型水电站（3070 万千瓦）全部竣工投产，如果没有新的大型水电项目开工，国内水电项目建设以抽水蓄能电站为主，且根据国网公司《关于进一步严格控制电网投资的通知》文件，抽蓄电站项目建设也将压缩，因此"十四五"中期以后，水电建设预计将进入慢速发展阶段。

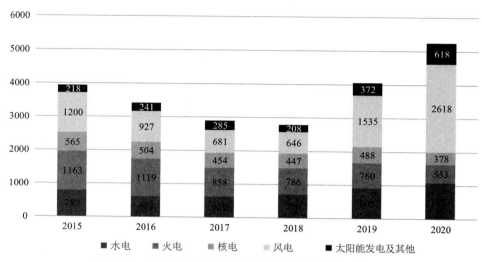

图 5-34　2015—2020 年历年电源投资构成情况（亿元）

风电和太阳能发电方面，每年保持较高的投资额度，支撑"风电+光伏"为代表的可再生能源的发展。风电和太阳能以环保、绿色及运营成本低的优势压缩我国以煤电为主的电量增长空间，对煤电发展形成挑战局面，使年度投产的"风电+光伏"的装机容量远高于其他电源，成为一支重要的发电力量。2020 年"风电+光伏"的投资同比增加 69.7%，预示今后的几年内，"风电+光伏"又将迎来发展高峰。

此外，抽水蓄能与风、光电协调运行，可以有效减少弃风、弃光现象，减少系统火电调峰幅度，具有环境保护与经济性，是构建现代能源体系的助力器。目前已建 90% 的电站由电网独资建设或控股建设，非电网企业和社会资本投资开发的热情和积极性增加，参与多个项目的开发建设，投资主体多元化趋势逐渐明晰。然而新能源投资与建设受政策影响较大，风电、光伏发电"抢装潮"频频发生，给正常的投资与建设活动带来较大不确定性。

"十四五"期间，"双循环"发展格局将成为我国电力投资与建设的根本方向。电力是形成国内大消费市场的关键一环。"十四五"期间，国内最终消费将成为我国经济增长的"压舱石",而以电力替代和节能降耗为核心的电力投资与建设将是促进消费升级、实现"六保"和"六稳"的重要抓手。高质量发展将成为我国电力投资与建设的内在要求。绿色(低碳)、安全、高效、经济仍将是"十四五"电力投资与建设的重要内涵和本质要求,绿色(低碳)是方向,安全是保证,高效是根本,经济是要求,这四者之间相辅相成,有机统一,不能偏废。多层次电力市场将成为我国电力投资与建设的现实需要。"十四五"期间我国将全面建成国家、省、市等多层次电力交易中心,中长期期货、现货、容量、碳交易以及辅助服务等多维度电力市场有机运行,电力交易的便利化有利于推动电力投资与建设的可持续发展。数字化转型将成为我国电力投资与建设的关键力量。能源革命与数字革命的相互融合是大势所趋。"十四五"期间,加速对传统电力的数字化改造和投资与建设,将成为推动电力转型和电力管理变革的必由之路,使我国电力发展更加柔性化、互联化、高端化和高效化。高水平对外开放与合作将成为我国电力投资与建设的鲜明特性。遵循"共商、共建、共享"的理念,形成更大范围、更宽领域、更深层次的电力开放新格局,通过"引进来"和"走出去"双向驱动,不断开拓国际电力合作共赢的新局面。

5.4 水利行业环境分析

5.4.1 整体发展情况与趋势

5.4.1.1 行业体制改革进程慢于勘察设计平均水平,未来深化改革的需求强烈

水利勘察设计行业存在着大量事业单位和国有企业,随着体制改革的不断推进,行业中国有企业、事业单位数量和占比正在逐年减少(图5-35)。

根据住房和城乡建设部统计资料显示,2019年水利勘察设计行业国有企业数量占比约为25%,但仍高于全国勘察设计行业国有企业的整体占比12%,其中事业单位占比约为9%,远高于全国勘察设计行业事业单位整体占比1.8%,水利勘察设计行业的事业单位占全行业事业单位总数的比重约为27%。整体来看,虽然体制改革推进的力度不断加大,但是水利勘察设计行业的体制改革进程仍慢于全国整体水平(图5-36)。

图 5-35　2009—2019 年水利勘察设计行业单位性质发展情况

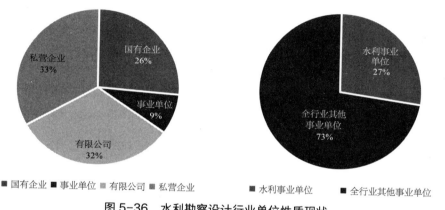

图 5-36　水利勘察设计行业单位性质现状

在全国勘察设计行业发展经历大变革之际，水利勘察设计行业总体保持了较好的增长势头，但行业内企事业单位大多认为体制是束缚水利勘察设计行业发展的主要因素之一，行业内企事业单位对进一步解放体制束缚有着迫切的期望。"十三五"期间，随着事业单位改革最后时间表的确定和《国企改革三年行动方案（2020—2022 年）》的正式发布，未来体制深化改革必将对水利勘察设计行业发展产生巨大的推动作用。

5.4.1.2　行业内企事业单位数量众多，整合重组趋势日趋明显

根据住房和城乡建设部统计数据，截至 2019 年，水利勘察设计单位数量为 1379 家，单位数量多年来呈现稳中有升的态势。水利勘察设计单位占全国勘察

设计单位的比重较为稳定，在 5.5%—6% 之间（图 5-37）。

图 5-37　2009—2019 年水利勘察设计行业单位数量情况

相比于其他行业，如市政行业年度投资规模约 2 万亿元，行业内勘察设计企业约 1080 家，水利勘察设计行业（年度投资规模约 7000 亿元）企事业单位数量相较于行业投资规模相对较多。

2019 年水利勘察设计行业综合甲级设计资质单位 3 家，行业甲级资质单位 107 家、行业乙级资质单位 377 家、丙级资质单位 892 家，丙级资质单位占比约为 65%，单位资质分布呈"金字塔"结构。而全国勘察设计行业中，甲级、乙级和丙级资质单位数量基本相当，各等级资质结构分布相对较为均匀，水利行业是勘察设计 21 个子行业中丙级资质占比最多的子行业（图 5-38）。

随着行业体制改革的深入，在相对较多的企事业单位数量和较高比例的低级资质单位比例下，未来水利勘察设计行业必然面临日趋严峻行业整合重组。

5.4.1.3　行业工程建设模式仍以传统模式为主，工程总承包占比较低

对 2009—2019 年水利勘察设计行业营业收入情况进行统计可以看出，传统工程勘测收入和工程设计收入均呈现稳定增长态势，而以工程总承包为代表的新业务已成为水利水电勘察设计单位的业务增长点。2012 年起工程总承包收入有了明显增加，工程总承包收入成为水利勘察设计单位的重要收入来源（图 5-39）。

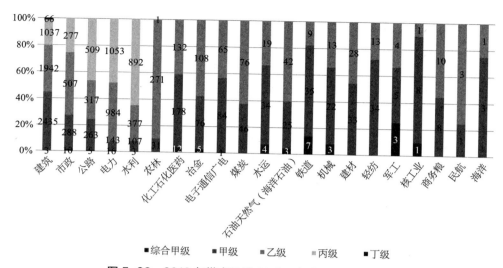

图 5-38 2019 年勘察设计 21 个子行业资质分布情况

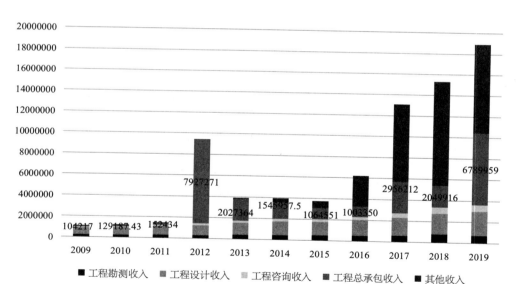

注：根据历年《全国工程勘察设计企业统计资料汇编》，2009—2012 年未将工程总承包收入和工程施工分开统计，2013—2016 年工程总承包收入和施工收入分开统计，2017 年至 2019 年又未将工程总承包收入和工程施工分开统计，历年统计口径有所差异。

图 5-39 2009—2019 年水利勘察设计行业营业收入情况（万元）

发展工程总承包是勘察设计企业未来的整体发展趋势，近年来水利勘察设计行业的工程总承包收入结构占比有所提升，但整体占比不高。开展工程总承包业务风险较大，需要企业具备完善的人才队伍、较高的项目管理能力和抗风险能力。根据全国水利水电勘察设计单位 2019 年度问卷调查统计，中小水利勘察设计单位开展工程总承包的意愿并不强烈，即使是大中型水利勘察设计单位也只有近一半的单位明确表示未来 3—5 年会积极发展工程总承包。

5.4.1.4 行业全国化发展水平偏低，跨区域发展较少

根据全国水利水电勘察设计单位 2019 年度问卷调查统计，水利勘察设计单位营业收入仅限本省的占 39%，以本省为主，省外为辅的占 48%，说明水利勘察设计行业区域垄断现象依然明显（图 5-40）。

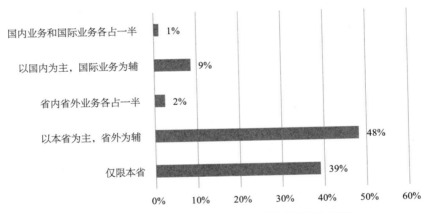

图 5-40　参与调研单位 2018 年区域布局总体情况

在国内区域市场拓展方面，调查统计结果大多数单位不满足于所处区域内的发展，正考虑全国化区域市场布局，其中 65% 的单位考虑以辖属区域为主，伺机拓展外埠区域市场；19% 的单位考虑辖属区域与外埠区域全面积极拓展；仅 14% 的单位仍聚焦于所处区域内发展（图 5-41）。

随着行业内整合重组的加剧，跨区域之间企业的兼并重组、战略合作等将会日益频繁，必然给行业内企业带来跨区域发展机遇，打破原有区域市场之间的界限。

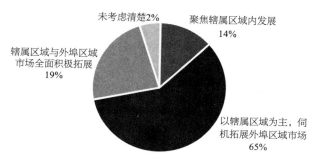

图 5-41　参与调研单位对国内区域市场布局的考虑

5.4.1.5　行业信息化和数字化要求较高，未来面临新的发展机会

《水利改革发展"十三五"规划》指出要推进水利信息化建设。2018年水利部印发《加快推进新时代水利现代化的指导意见》，提出要全方位推进智慧水利建设，把智慧水利建设作为促进水利现代化建设的着力点和突破口。水利信息化、智慧水利将成为推动行业发展的新动能。

在"强监管、补短板"的政策推动下，物联网、大数据、云计算等先进技术逐渐在水利行业渗透，水利部结合国家信息化发展纲要与行业监管需求先后修订了《水利信息化资源整合共享顶层设计》《智慧水利总体方案》与《水利业务需求分析报告》等重要指导文件，明确了我国智慧水利建设的方向。

智慧水利是在水利信息化的基础上高度整合水利信息资源并加以开发利用，通过物联网技术、无线宽带、云计算等新兴技术与水利信息系统的结合，实现水利信息共享和智能管理，有效提升水利工程运用和管理的效率和效能。智慧水利涵盖了水文、水质、水资源、供水、排水、防汛防涝等各个方面。通过各种信息传感设备，测量雨量、水位、水量、水质等水利要素，通过无线终端设备和互联网进行信息传递，以实现信息智能化识别、定位、跟踪、监控、计算、管理、模拟、预测和管理。智慧水利能够有效提高防汛抗旱、水资源优化配置、水利工程建设管理、水质监测等水利业务中信息技术应用的整体水平，带动水利现代化，更好地为社会经济发展提供保障，发展前景广阔。

我国的智慧水利建设目前已经全面铺开，例如黄河水利委员会利用云计算和大数据技术，围绕突发事件实现了对水情、工情和位置等信息的自动定位和展现；广东省将"互联网+现代水利"建设作为推进广东水利现代化的着力点和突破口，以互联网技术为引领，构建了可服务"水安全、水生态、水管理、水服务"的业务应用体系；江苏、湖北和长江流域委员会等为打好智慧水利建设基础，实现水利信息的统一采集、存储、管理、交换、共享等服务，基于面向对象的水利数据模型开展了水利数据资源整合工作。

5.4.2 投资情况与趋势

5.4.2.1 从投资来源来看，中央和地方政府投资仍然是行业主要投资主体，受政策和经济环境影响因素较大

从近五年投资来源上看，中央政府投资和地方政府投资占据水利工程建设总投资额的75%以上，尤其是地方政府投资占比逐渐提升，政府主导性明显；企业和私人投资、国内贷款投资的水利工程虽然呈现增长趋势，但占比仍然较少（图5-42）。

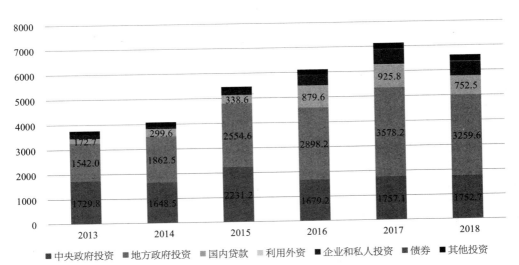

图5-42 2013—2018年水利工程建设投资来源统计（亿元）

由于绝大多数投资来源于中央政府和地方政府投资，所以历年水利建设投资额受政策和经济环境影响因素较大，2020年受新冠肺炎疫情影响，基建

投资将会作为国家"保经济"的"压舱石",水利建设投资预期也会迎来一波上升(图 5-43)。

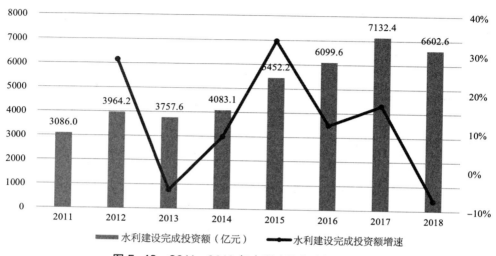

图 5-43　2011—2018 年水利建设完成投资额情况

5.4.2.2　从投资用途来看,水资源工程投资占比有所下降,水土保持和生态工程呈现逐年上升态势

从近几年分用途完成投资情况看,自 2015 年起,水资源工程投资占比有所下降,水土保持及生态工程投资呈逐年上升趋势。水利建设工作正在由传统水利向现代水利、可持续发展水利转变(图 5-44)。

"补短板、强监管"成为水利行业要点,水利行业发展将面临转型。2019年 1 月,2019 年全国水利工作会议在京召开,会议中水利部鄂竟平部长指出我国治水的主要矛盾已经从人民群众对除水害兴水利的需求与水利工程能力不足转变为人民群众对水资源水生态水环境的需求与水利行业监管能力不足的矛盾,这预示着未来水利部门要将工作重心转到水利工程补短板、水利行业强监管。同时,此次会议还明确了未来水利行业发展的重点:水利工程建设生态化成为重要发展趋势。

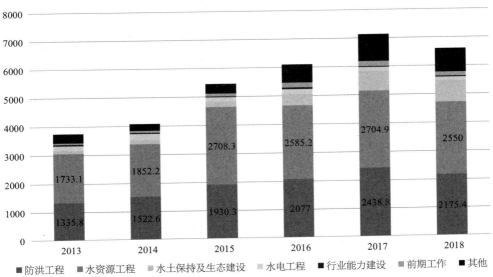

图 5-44 2013—2018 年水利行业分用途完成投资情况统计（亿元）

目前我国水环境污染仍然严重，2019 年全国流域中，Ⅴ类及劣Ⅴ类水体占比 6.3%。根据《中国生态环境状况公报》，2019 年长江、黄河、珠江、松花江、淮河、海河、辽河七大流域和浙闽片河流、西北诸河、西南诸河监测的 1610 个水质断面中，Ⅰ类占 4.2%，Ⅱ类占 51.2%，Ⅲ类占 23.7%，Ⅳ类占 14.7%，Ⅴ类占 3.3%，劣Ⅴ类占 3.0%。地下水污染严重。2019 年，全国 10168 个国家级地下水水质监测点中，Ⅰ～Ⅲ类水质监测点占 14.4%，Ⅳ类占 66.9%，Ⅴ类占 18.8%。全国 2830 处浅层地下水监测井水质总体较差。Ⅰ～Ⅲ类水质监测井占 23.7%，Ⅳ类占 30.0%，Ⅴ类占 46.2%。

随着水利行业向生态、环保等领域的延伸发展，全行业的投资方向将呈现更加多元的趋势，因此可以通过对水利、环境、公共设施管理业的投资预测，判断未来水利的整体发展环境。在 2015—2019 年间，水利、环境、公共设施管理业固定资产投资完成额占基础设施建设固定资产投资完成额的比例基本稳定在 43% 左右，进入"十三五"以来占比有 2% 的上涨幅度，但接近"十三五"末期降至 43%。在国家长期计划的影响下，预测在未来两个五年计划周期内，水利、环境、公共设施管理业的固定资产投资占比仍将呈现周期性波动。基于上述假设，预计到 2025 年水利、环境、公共设施管理业固定资产投资额将达到 11.4 万亿元，2030 年增长至 13.8 万亿元（图 5-45）。

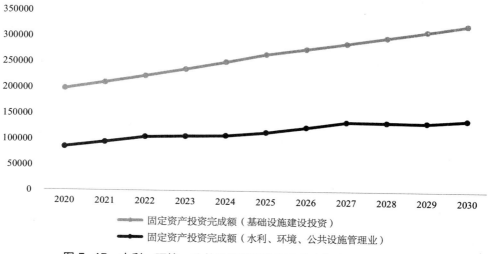

图 5-45　水利、环境、公共设施管理业固定资产投资额预测（亿元）

目前国家和全民对生态环保日益重视，以水污染治理为主的生态环保类业务在政策支持下发展迅速。2014 年习近平主席提出了"节水优先、空间均衡、系统治理、两手发力"的新时代治水方针，坚持山水林田湖草是一个生命共同体，强调要用系统思维统筹山水林田湖草治理，为新时代水利工作指明了方向。"十三五"期间，国家层面政策频发，2016 年 11 月 24 日国务院印发《"十三五"生态环境保护规划》，为我国"十三五"时期生态环境保护工作明确了"行动指南"。2017 年 4 月，环保部印发《国家环境保护标准"十三五"发展规划》，拟推动约 900 项环保标准编制修订工作，其中质量标准和污染物排放（控制）标准约 100 项，环境监测类标准约 400 项。2017 年 8 月，国务院正式批复《重点流域水污染防治规划（2016—2020 年）》，将"水十条"水质目标分解到各流域，明确了各流域污染防治重点方向和京津冀区域、长江经济带水环境保护重点，第一次形成覆盖全国范围的重点流域水污染防治规划，加速推进全国范围的水污染防治工作。2018 年 6 月中共中央、国务院发布了《关于全面加强生态环境保护 坚决打好污染防治攻坚战的意见》，布置"着力打好碧水保卫战"和"打好城市黑臭水体治理攻坚战"。2018年11月，生态环境部、农业农村部联合发布了《关于印发农业农村污染治理攻坚战行动计划的通知》，明确提出到2020年要实现"一保"，保护农村饮用水水源；"两治"，治理农村生活垃圾和污水；"三减"，减少化肥、农药使用量和农业用水总量；"四提升"，提升主要由农业面源污染造成的超标水体水质、农业废弃物综合利用率、环境监管能力和农村居民参与度等。2020年6月国家发展改革委、自然资源部联合印发了《全国重要生态系统保护和修复重大工程总体规划（2021—2035年）》（以下简称《规划》），分别对工程布局、治理思路、治理措施、保障政策作出了系统部署，涵盖9项重大工程、47项具体任务。《规划》分为3大时间节点，基本涵盖了京津冀、黄河下游、粤港澳、洞庭湖、鄱阳湖及海岸带等重点治理区域。

随着投资和业务的迅速发展，水污染治理行业在问题诊断、工艺设计、技术装备以及系统解决方案的水平和质量稳步提升，新业态、新模式不断涌现，多学科融合、产业和技术融合、系统思维也促进水污染治理行业全面发展。行业发展整体表现为五大趋势：一是在治理方式上，从关注"具体点源项目"向"区域保护、系统保护和全过程的保护"发展，如对山水林田湖草实现统筹治理，流域上游、中游和下游实现一体化保护等；二是在控制程度上，从"达标排放"向"提标升级排放"到"低端中水或局部回用"再到"高端规模化回用"的方向发展；三是在治理领域上，从"单一水污染物治理领域"向"污水、污泥、异味"跨介质污染协同控制的方向发展；四是在控制类别上，从"常规污染物控制"向"氮、磷、盐"再到"生态安全"的方向发展；五是在系统控制上，从"工艺的人工/微机定量控制"向"部分处理设备的智能控制"再到"污水厂工艺全程优化与精准控制"的方向发展。

而由于"环保综合服务"的发展趋势，行业的边界逐步淡化，越来越多的水污染治理项目采取单体水厂、河道治理、固废处理、管网建设等业务整体打包的形式，这对于企业的全产业链布局和整合能力提出了更高的要求，也导致跨行业的竞争逐步显现。例如流域治理类项目，一般单个项目金额大，子工程项目多，涉及水利、水务、建筑、园林等多个业务子项，需要多专业的配合协同,需要从"孤军作战"向"联盟式"发展,通常此类项目由大型集团型企业或联合体的方式承接。目前地区性水利勘察设计企业仍在区域内具有一定优势,但对于区域内大型水污染治理项目,以部级院、流域委为首的大型水利勘察设计企业,通过其全国化布局和全产业链的业务优势,正在占据较大的市场份额。而在资本作用的带动下,以产融结合模式,凭借资本优势,直接打造产业形态的环保集团,依靠"投建营"一体的思路,正在成为行业内新的影响因素。

5.4.2.3 重点水利建设在建项目历年投资完成率均维持在较高水平,进入"十三五"末年,重大水利项目储备有所不足

从重点水利建设在建项目的投资完成率情况来看,"十二五"至今,主要的江河湖泊治理工程、水库及枢纽工程和水资源配置工程的投资完成率绝大多数年份均保持在50%以上,个别年份的水资源配置工程投资完成率超过70%,均维持在比较高的水平,可见重点水利建设项目投资到位率较高,落实比较到位(图5-46)。

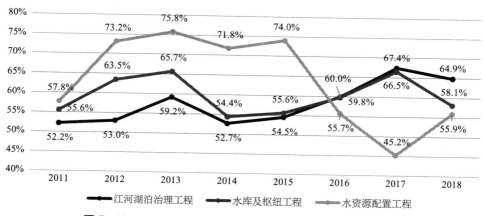

图5-46 2011—2018年重点水利建设在建项目投资完成率

2015年初,国务院作出加快推进172项节水供水重大水利工程的决策部署,截至2020年6月,172项重大水利工程已开工145项,投资规模超过1万亿元,其中有30项已建成发挥效益。"十三五"末年,重点水利建设项目的储备有所不足。2020年全国累积降水量比常年同期明显偏多且降雨集中,局部地

区受灾严重。推进重大水利工程建设成为2020年7月8日国务院常务会议的重点内容之一。此次国常会围绕防洪减灾、水资源优化配置、水生态保护修复等，研究了今年及后续150项重大水利工程建设安排，要求抓紧推进建设，促进扩大有效投资，增强防御水旱灾害能力。150项重大水利工程建设，总投资约1.29万亿元，只要条件具备随时可以开工，将带动直接和间接投资约6.6万亿元。150项重大水利工程有五大类型，包括防洪减灾56项、水资源优化配置26项、灌溉节水和供水55项、水生态保护修复8项、智慧水利5项，其中有96项涉及京津冀协同发展、长江经济带发展、黄河流域生态保护和高质量发展等国家重大战略。重大水利项目正在加强储备。此前，在2020年1月举行的全国水利工作会议上，水利部表示已经提前筹划"十四五"重大水利项目，提出储备项目409项，为"十三五"规划的两倍，并从中梳理筛选出一批对保障国家水安全有重要作用的重大水利工程150项，作为2020—2022年拟新开工项目重点推进。150项重大水利工程全部建成后，预计约新增防洪库容90亿立方米、治理河道长度2900公里、新增灌溉面积3000万亩、增加年供水能力410亿立方米，水利基础设施网络的短板将得到有效消除，国家水安全保障能力明显提升。

由于新冠肺炎疫情后内需拉动经济的要求和2020年两会提出"两新一重"建设，水利部已经加大重大水利项目储备工作，"十四五"期间将围绕高质量发展以及支撑国家重大战略有关要求，按照"确有需要、生态安全、可以持续"的原则，立足补短板、强弱项、提质量，统筹谋划和推进一批具有战略意义的补短板重大水利工程，完善国家水网格局，促进生态保护和高质量发展，为合理扩大有效投资，推动社会主义现代化进程提供坚实的水安全保障。

5.4.3 区域发展情况与趋势

从分区域投资情况来看，西部地区投资增速较快，东部地区投资占比依然较大，西部传统供水和灌溉工程占比依旧较大，东部防洪工程依旧占比较大，水保及生态类业务兴起。

从近几年投资分区域来看，东部地区投资占比稳中有升，2018年投资占比依然超过35%，西部地区投资增速较快，2018年超越东部地区成为投资占比最高的地区,中部地区投资占比"十二五"期间减少后在"十三五"期间又迎来增长,占比接近 25%,东北地区投资占比萎缩明显,占比仅剩约 3%。预计未来随着诸如引江济淮、滇中引水等中西部特大水利工程的不断建设和政策倾斜,中西部水利投资仍将保持较高增速(图 5-47)。

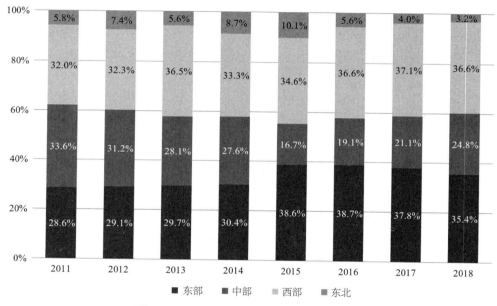

图 5-47　2011—2018 年各地区投资分布

从各省水利投资分用途来看,最新统计数据显示,东部和中部地区的主要投资集中在防洪、供水和水保及生态,其中水保和生态的占比逐渐提升,东部和中部地区的占比显著超过西部和东北地区,西部和东北地区的主要投资集中在供水、灌溉和防洪方面,尤其是供水占比显著超过东部和中部地区。

从各省水利投资用途来看,防洪工程将近一半的投资集中在东部地区,灌溉工程接近 60% 的投资集中在西部地区,除涝工程超过 60% 的投资集中在东部地区,供水工程一半的投资集中在西部地区,水电投资接近 70% 的投资集中在西部地区,水保及生态工程 40% 的投资集中在东部地区,中部和西部的投资均接近 3 成(图 5-48)。

5 国内重点细分行业发展趋势分析

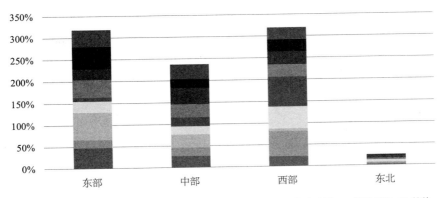

图 5-48　2018 年各地区投资分用途投资情况

整体来看，东部和中部未来在防洪方面的投资依然会占据较大比重，水保和生态方面的投资规模将进一步增加，西部和东部地区在传统供水和灌溉方面仍有较多的需求，同时水电投资将进一步集中在西部地区。

第三篇
观市场：区域失衡与城市集群化发展

从行业发展历程来看，发展较好的勘察设计企业所在的区域、行业的工程建设投资规模一般较大，可以说，勘察设计行业的发展深深地根植于国民经济发展与城镇化建设当中。而当前我国经济发展和城镇化建设进程，呈现出高度的不均衡以及重点区域城市集群化发展的趋势。不均衡主要表现在东部地区与其他地区的不均衡、城镇化发展阶段差异带来的城市间不均衡以及城市区域与县乡镇地区的不均衡等方面。此外，京津冀、长三角、粤港澳大湾区、成渝等国家推动区域协同发展的战略重点区域，已经明显呈现出加速发展的趋势，但区域间仍存在不小的差异。可以预见的是，区域失衡和城市的集群化发展将是未来国民经济发展的常态，勘察设计企业也需要在新型城镇化中积极探寻市场机遇。

6 区域失衡

6.1 东部地区与其他地区的发展不均衡

根据城市建设固定资产投资相关数据，2014—2018年期间市政公用建设基础设施投资完成额累计前10的省份中，6个省份来自东部地区，2个省份来自中部地区，2个省份来自西部地区，由此可见东部地区仍是城市建设行业主要投资发展地区（表6-1）。

2014—2018年城市建设固定资产投资累计完成额前十名[1]　　　　表6-1

省市	江苏	北京	湖北	山东	浙江
累计投资完成额（亿元）	8660.39	6188.90	6033.06	5281.20	5270.14
全国占比	9.69%	6.93%	6.75%	5.91%	5.90%
省市	广东	四川	福建	重庆	湖南
累计投资完成额（亿元）	5148.46	5071.71	3772.47	3466.88	3462.81
全国占比	5.76%	5.68%	4.22%	3.88%	3.88%

根据城市建设固定资产投资相关数据，2014—2018年期间市政公用建设基础设施投资完成额复合增长率前10的省份中，其中5个省份来自西部地区，1个省份来自中部地区，4个省份来自东部地区（表6-2）。

---

1 数据来源于历年《城市建设统计年鉴》。

2014—2018 年市政公用建设投资完成额复合增长率前十名　　　　表 6-2

省市/自治区	西藏	福建	青海	河南	四川
年复合增长率	68.13%	28.23%	27.76%	24.98%	21.46%
省市/自治区	广东	海南	云南	宁夏	浙江
年复合增长率	18.30%	18.08%	17.34%	17.07%	14.29%

6.2 城市间城镇化发展水平的不均衡

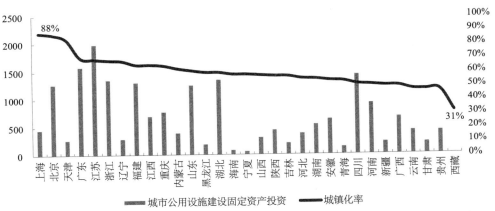

图 6-1　2018 年国内各城市市政公用设施建设投完成资额（亿元）和城镇化率情况[1]

从图 6-1 可以看出，北京、江苏、广东、浙江、福建、山东等地区的市政公用设施建设投资完成额巨大的同时，城市的城镇化率也高达 80% 以上。四川、河南、湖南、安徽等地区的市政公用设施投资额较大，但城镇化率不足 60%，水平较低。云南、贵州、河北、山西等地区的市政公用设施投资额较小，且城镇化率水平低于 60%。

"十四五"规划《建议》中提到要推进区域协调发展和新型城镇化，"推进京津冀协同发展、长江经济带发展、粤港澳大湾区建设、长三角一体化发展，打造创新平台和新增长极"。京津冀、长三角、珠三角三大地区以及一些重要城

---

[1] 数据来源于 2018 年《城市建设统计年鉴》。

市群形成了全国高质量发展的新动力源,辐射到周边城市,进而带动经济总体效益提升。区域协调发展的目的在于各地区要发挥比较优势,提升优势区域的辐射带动作用。

7 城市集群化发展分析

7.1 京津冀城市群

7.1.1 北京市

7.1.1.1 北京市经济发展平稳，增速保持稳定（图7-1）

图7-1 2014—2019年北京市生产总值及增速变化情况[1]

北京市作为首都，经济发展平稳，近年来生产总值增速保持稳定，总量持续上升。

7.1.1.2 北京市市政公用设施建设固定资产投资完成额相对稳定

总体来看，近年来北京市市政基础公用设施建设固定资产投资完成额存在

---

1 数据来源于国家统计局。GDP增速按照可比价格计算。

一定波动，但相对稳定，维持在1300亿元左右。2015年和2018年呈负增长，存在一定的波动，但其余年份投资完成额保持一定增速，2017年市政基础公用设施建设固定资产投资完成总额达到1372亿元，较上年增长14.24%，为近五年的峰值（图7-2）。

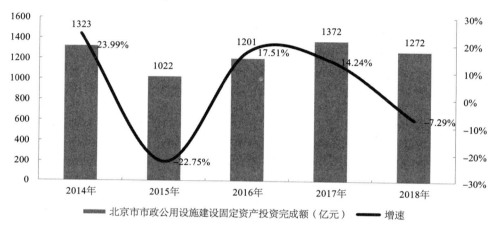

图7-2 2014—2018年北京市市政基础公用设施建设固定资产投资完成额及增速变化情况[1]

7.1.1.3 北京市市政基础公用设施建设各业务板块整体呈现波动趋势，发展存在不确定性

整体来看，北京市轨道交通和道路桥梁投资完成额占比较大，但两者业务均呈现逐渐下降趋势；园林绿化业务整体呈现增长趋势，预计未来发展持续向好；排水投资完成额在2016年达到峰值，随后逐年下滑，但随着水环境治理等方面政策和要求的力度加大，未来有望加大投资力度；城市管廊业务受政策影响较大，整体呈现下降趋势，未来发展具有不确定性；燃气、集中供热等业务投资完成额增速呈现波动趋势，发展存在一定的不稳定性（图7-3）。

---

[1] 数据来源于《城市建设统计年鉴》。

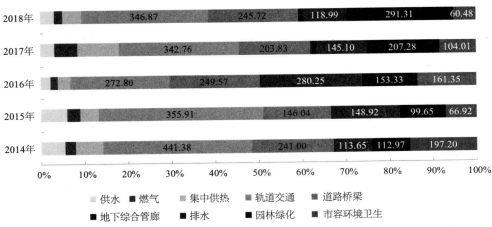

图 7-3 2014—2018 年北京市各业务板块市政公用设施建设固定资产投资完成额（亿元）及占比情况[1]

在各板块增速方面，2014—2018 年各板块业务均呈现不同程度的波动，展现出发展的不确定性。此外，地下综合管廊业务自 2016 年开始统计，2016—2017 年增长了 1118.21%，2017—2018 年下降了 7.75%（图 7-4）。

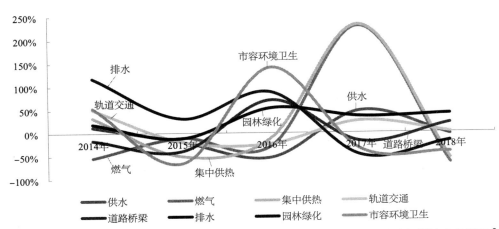

图 7-4 2014—2018 年北京市各行业市政公用设施建设固定资产投资完成额增速变化情况[2]

---

1 数据来源于《城市建设统计年鉴》。
2 数据来源于《城市建设统计年鉴》。

7.1.1.4 北京市排水业务波动较大，供水业务呈逐渐下跌趋势

从 2014—2018 年数据看，北京市近年供水投资完成额有下滑趋势；排水投资完成额在 2016 年达到峰值，随后逐年下滑，但随着水环境治理等方面政策和要求的力度加大，未来有望加大投资力度（图 7-5）。

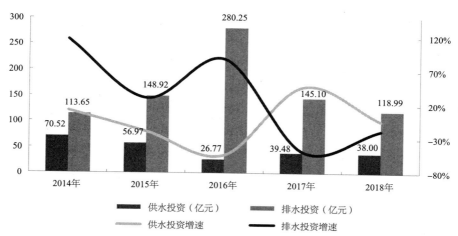

图 7-5　2014—2018 年北京市给水排水固定资产投资完成额及增速变化情况[1]

7.1.2　天津市

7.1.2.1　天津市经济发展平稳，以高质量发展为主要目标

近年来，天津市经济发展速度放缓，在京津冀协同发展的政策背景下，天津市正积极推动供给侧结构性改革。2014—2016 年天津市生产总值增速仍保持在 9% 以上的高点，2017—2019 年则保持了 3%—5% 的经济增速，生产总值稳定增长，说明天津市的发展新旧动能转换正稳步推进。总体来看，天津市目前经济发展运行处于换挡变速的阶段，经济发展存在较大的不确定性（图 7-6）。

---

[1] 数据来源于《城乡建设统计年鉴》。

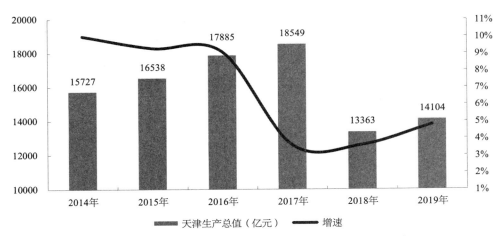

图 7-6　2014—2019 年天津市生产总值及增速变化情况[1]

7.1.2.2　天津市市政基础设施建设固定资产投资额总量逐年减少

天津市的城市化率在国内处于较高的水平，随着天津市市政基础设施建设逐年完善，相关投资额基本呈下降趋势，已由 2014 年的 597 亿元下降至 2018 年的 265 亿元，基础建设固定投资已不足一半，近 5 年增速基本为负，市政基础建设增量市场空间较小。

从数据可以看出，天津市市政公用设施建设已处于饱和状态，城市建设达到一定阶段。预计未来 5 年天津市市政投资规模呈平稳下滑趋势，未来 5 年市政工程投资规模趋于稳定，市政工程市场萎缩，市内市场竞争加剧。

7.1.2.3　天津市市政以轨道交通和道路桥梁投资为主，给水排水业务发展呈现出不确定性

总体来看，天津市的市政建设投资和全国的市政建设投资差别不大。在各业务板块占比方面，近年来，天津市的市政建设投资完成额主要集中在轨道交通和道路桥梁板块（图 7-7、图 7-8）。

---

[1]　数据来源于国家统计局。

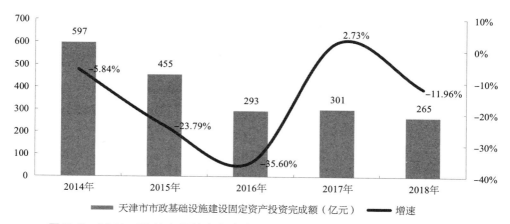

图 7-7 2014—2018 年天津市市政公用设施建设投资完成额及增速变化情况[1]

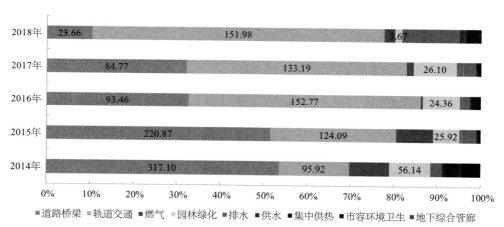

图 7-8 2014—2018 年天津市各业务板块市政公用设施建设固定资产投资完成额（亿元）及占比情况[2]

在各板块增速方面，2014—2018 年各板块业务均呈现不同程度的波动，展现出发展的不确定性。

其中道路桥梁和市容环境卫生板块呈现出持续下降的趋势，排水业务整体呈现出增长趋势，集中供热和供水业务在 2018 年得到快速发展。此外，地下综

---

[1] 数据来源于《城乡建设统计年鉴》。
[2] 数据来源于《城乡建设统计年鉴》。

合管廊业务自 2016 年开始统计，2016—2017 年下降了 63.20%，2017—2018 年下降了 85.58%（图 7-9）。

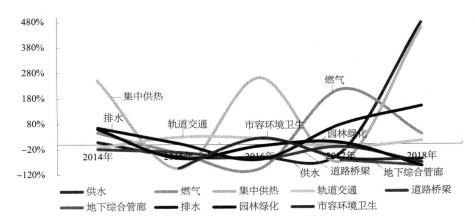

图 7-9　2014—2018 年天津市各业务板块市政公用设施建设固定资产投资完成额增速变化情况[1]

具体来说，轨道交通和道路桥梁板块基本呈相反趋势，道路桥梁投资完成额在 2014 年超 30 亿元，在 2018 年已不足 30 亿元，轨道交通的投资完成额稍有增加，而道路桥梁市场急剧萎缩，轨道交通市场增量较小（图 7-10）。

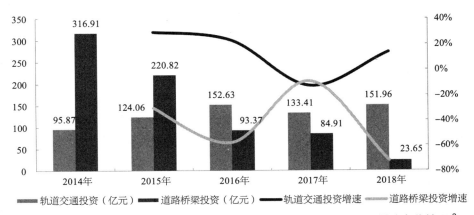

图 7-10　2014—2018 年天津市轨道交通和道路桥梁投资完成额及增速变化情况[2]

1　数据来源于《城乡建设统计年鉴》。
2　数据来源于《城乡建设统计年鉴》。

在市政投资下降的大环境下，供水和排水投资完成额不稳定。供水方面，近5年呈现"V"字形发展态势，形成了以2016年为低谷的"两端繁荣"态势，2018年增速高达478%，但2014年和2018年的投资额基本持平。排水方面，投资完成额呈现由稳定到高速增长态势，由于在环境治理等方面的投入加大，近两年的增速基本保持在100%左右，2018年的排水投资额几乎为2014年的两倍（图7-11）。

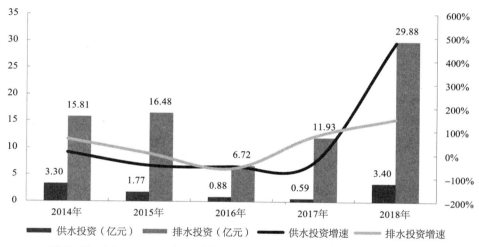

图7-11 2014—2018年天津市供水和排水投资完成额及增速变化情况[1]

7.1.3 河北省

7.1.3.1 河北省经济发展总体稳定，固定资产投资总额维持高位

随着国家京津冀区域发展战略的实行，河北省作为该战略重要组成部分近年来经济发展有了显著提升。从经济数据上看，河北省自2015年生产总值增速保持6.5%以上，整体增量平稳，整体经济正呈现稳中向好的发展趋势（图7-12）。

在固定资产投资方面，河北省固定资产总额增速呈现放缓的态势，2015年固定资产投资增速保持在10%以上，至2019年已降至5.7%，但其整体固定资产投资总额仍处于高位，位列全国第五，未来基础设施建设等仍有较大市场空间。

---

1 数据来源于《城乡建设统计年鉴》。

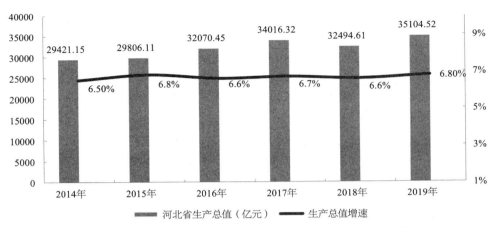

图 7-12　2014—2019 年河北省生产总值及增速变化情况[1]

7.1.3.2　河北省市政基础设施固定资产投资完成额逐年减少，但已呈现回暖趋势

河北省市政基础设施固定资产投资完成额逐年减少，2014—2016 年，年均降速在 3% 左右。2017 年河北省市政基础设施固定资产投资完成额总量出现回暖，同比增长 9.7%，总体投资完成额达到 396 亿元。2018 年河北省市政基础设施固定资产投资完成额总量为 377 亿元，同比下降 4.8%。

整体来看河北省市政基础设施固定资产投资完成总额虽出现过下降趋势，但已呈现回暖趋势，目前整体投资力度仍较大，预计未来相关业务市场趋于稳定。

7.1.3.3　河北省市政建设投资以道路桥梁和轨道交通投资为主，供水和排水投资完成额呈现波动发展趋势

与北京市和天津市类似，河北省的市政公用设施建设固定资产投资完成额以道路桥梁和轨道交通为主，两者占比在 40% 以上，但道路桥梁投资完成额比例逐渐缩小，轨道交通投资完成额占比逐渐增加。

此外，受到河北省市政基础设施固定资产投资完成额逐年减少的影响，整体来看，各行业投资完成额均呈现下降趋势（图 7-13、图 7-14）。

1　数据来源于国家统计局。

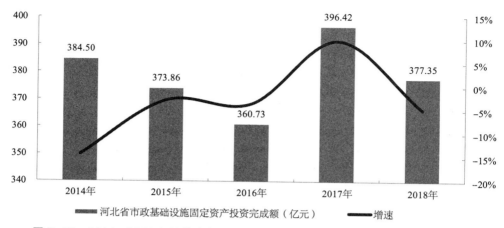

图 7-13 2014—2018 年河北省市政基础设施固定资产投资完成额及增速变化情况[1]

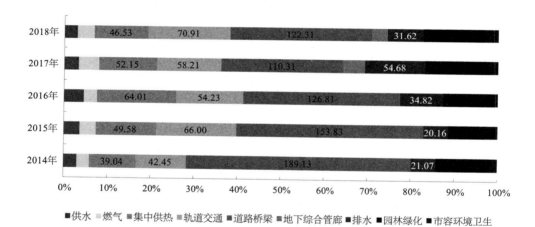

图 7-14 2014—2018 年河北省各行业市政公用设施建设固定资产投资完成额（亿元）及占比情况[2]

在各板块增速方面，2014—2018 年各板块业务均呈现不同程度的波动，展现出发展的不确定性。此外，地下综合管廊业务自 2016 年开始统计，2016—2017 年增加了 11850.25%，2017—2018 年下降了 29.59%（图 7-15）。

---

[1] 数据来源于《城乡建设统计年鉴》。
[2] 数据来源于《城乡建设统计年鉴》。

7　城市集群化发展分析

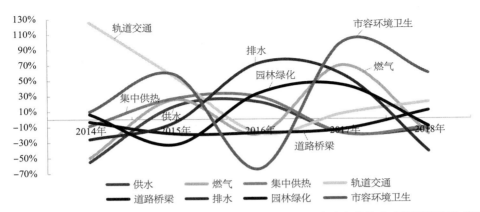

图 7-15　2014—2018 年河北省各行业市政公用设施建设固定资产投资完成额增速变化情况

河北省市政供水和排水投资完成额近 5 年处于波动状态，呈现出"先增长、后下降"的态势。供水投资方面，2014 年供水投资完成额 11.16 亿元，2018 年供水投资总额 11.18 亿元，基本处于持平状态。排水投资方面，2017 年排水投资完成额 54.68 亿元，为近几年来最高值，2018 年排水投资总额 31.62 亿元，首次下跌，但排水投资总体趋势向好（图 7-16）。

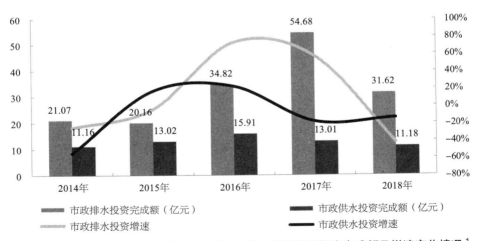

图 7-16　2014—2018 年河北省市政供水和排水固定资产投资完成额及增速变化情况[1]

---

[1] 数据来源于《城乡建设统计年鉴》。

111

7.1.4 雄安新区

2018年4月，中共中央、国务院批复了《河北雄安新区规划纲要》，雄安新区被定位为二类大城市，受到各路投资方的重视。随着"十四五"规划的实施，雄安新区投资建设势必将迎来发展高峰。

首先是市政工程建设，随着当地城市快速修建，相关市政基础设施将是重大投资点，包括市政道路、轨道交通、综合管网、排水管网、垃圾处理等相关业务。此外，相关交通建设也将是雄安新区的建设重点，包括铁路建设与公路建设等。除了基础设施建设外，相关产业项目也是建筑投资重点方向，如产业园区、配套住宅小区等，而公共服务类建筑如学校、医院也将成为投资要点。

总体来看，雄安新区未来投资建设的重点仍将聚焦于大型基建项目，基础设施需求仍处于高位。

据预测[1]，雄安新区人口规模将达600万，总投资额将达到4.5万亿元，建成后的人口规模相当于现有部分一线城市的规模，依此推测，相关的投资也基本相当，潜力巨大。

7.2 长三角城市群

7.2.1 长三角城市群市政公用设施建设固定资产投资完成额整体呈增长态势，地区发展前景好

长三角城市群以上海为中心，主要包括苏浙皖沪三省一市区域共26个城市。区域面积21.17万平方公里，约占中国面积的2.2%。

从2014—2018年数据可以看出，2017年之后长三角城市群市政固定资产投资完成额增速回升，表示长三角城市群在市政公用设施建设方面仍存在着增长需求（图7-17）。

1　资料来源于长江证券。

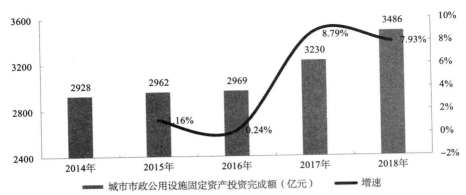

图 7-17　2014—2018 年长三角城市群市政公用设施固定资产投资完成额及增速变化情况[1]

7.2.2　长三角城市群市政板块投资以轨道交通和道路桥梁为主，排水业务呈增长趋势

长三角城市群市政各板块资产投资结构较稳定，轨道交通和道路桥梁占比较大；轨道交通因建设基本完善，未来将呈小幅下降趋势，道路桥梁占比呈稳定状态，投资主要将向养护和检测等方向发展；排水占比逐年增加，燃气、供热存在一定的波动（图 7-18）。

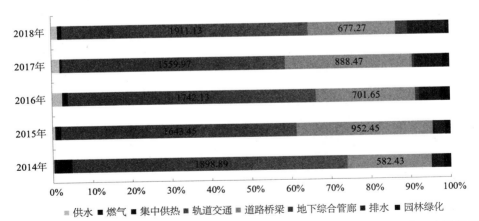

图 7-18　2014—2018 年长三角城市群各板块市政固定资产投资完成额（亿元）及占比情况[2]

1　数据来源于《城乡建设统计年鉴》。
2　数据来源于《城乡建设统计年鉴》。

在各板块增速方面，2014—2018年仅排水业务呈现持续增长趋势，其他板块业务均呈现不同程度的波动。此外，长三角城市群不含集中供热业务板块；地下综合管廊业务自2016年开始统计，2016—2017年增长了520.79%，2017—2018年下降了15.76%（图7-19）。

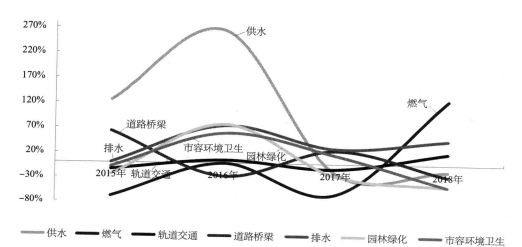

图7-19　2014—2018年长三角城市群各板块市政固定资产投资完成额增速变化情况

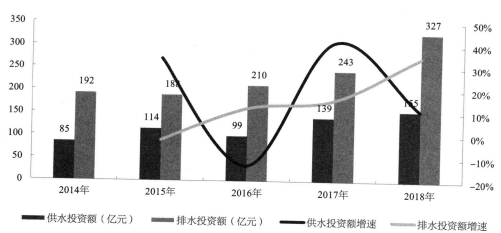

图7-20　2014—2018年长三角城市群给水排水固定资产投资完成额及增速变化情况[1]

1　数据来源于《城乡建设统计年鉴》。

从 2014—2018 年数据来看，供水投资增速波动较大，但近两年呈现较好的增长趋势；排水投资完成额稳步上升，增速逐渐加大，具有较好的发展趋势，2018 年排水投资完成额增速将近 40%。随着长三角城市群城乡一体化快速发展和现代都市圈的打造，预计长三角的供水和排水业务都将有较好的增长（图 7-20）。

7.3 粤港澳大湾区

粤港澳大湾区是指由香港、澳门两个特别行政区和广东省的广州、深圳、珠海、佛山、中山、东莞、肇庆、江门、惠州九市组成的城市群，是国家建设世界级城市群和参与全球竞争的重要空间载体，是与美国纽约湾区、旧金山湾区和日本东京湾区比肩的世界四大湾区之一，定位为世界经济增长重要引擎、国际科技产业创新中心、世界著名优质生活圈、全球最具活力经济区。

"着力推进基础设施互联互通"是粤港澳大湾区未来规划六大重点工作之一。互联互通，即进一步加快大湾区基础设施建设，推动内地与港澳交通设施有效衔接，构建高效便捷的现代综合交通运输体系，共建世界级港口群和空港群，优化高速公路、铁路、城市轨道交通网络布局，完善现代货运物流体系。可以预计，粤港澳大湾区基础设施建设的需求极大，未来几年将释放大量的市场空间。

7.3.1 粤港澳大湾区经济增速显著，发展潜力极大

粤港澳大湾区面积近 6 万平方公里，湾区人口达 6600 万。从生产总值总量来看，2016—2019 年，粤港澳大湾区生产总值呈现持续增长态势，2019 年粤港澳大湾区生产总值总量约为 11.6 万亿元，占全国生产总值总量的 11.7%，增速高于全国经济增速，表现出极大的发展潜力（图 7-21）。

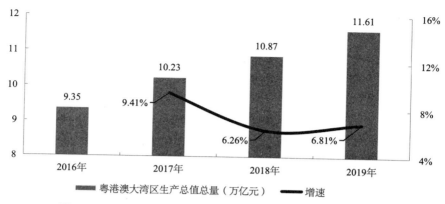

图 7-21 2016—2019 年粤港澳大湾区生产总值总量及占比[1]

7.3.2 粤港澳大湾区（除香港、澳门）城市市政公用设施投资完成额增速明显，行业前景广阔

2014—2018 年，粤港澳大湾区（除香港、澳门）城市市政公用设施固定资产投资完成额总体呈增长趋势，近年来增速进一步提升。2018 年投资完成额达到 1419 亿元，较 2017 年提升 58%（图 7-22）。

图 7-22 2014—2018 年粤港澳大湾区（除香港、澳门）城市市政公用设施固定资产投资完成额及增速变化情况[2]

---

1 数据来源于国家统计局。
2 数据来源于《城市建设统计年鉴》。

7.3.3 粤港澳大湾区（除香港、澳门）市政投资以轨道交通和道路桥梁为主，排水领域发展潜力较好

从市政投资各板块来看，2014—2018 年市政投资以轨道交通和道路桥梁为主，轨道交通投资完成额呈稳步增长趋势，道路桥梁投资完成额在经历了一定的上升后开始逐步下降，排水领域投资完成额占比呈连年上升趋势，展现较好的发展潜力（图 7-23）。

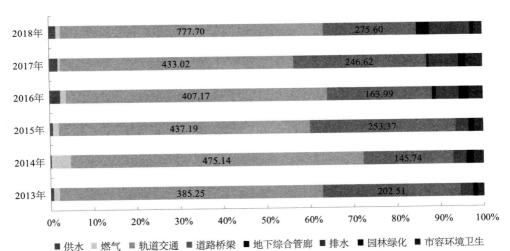

图 7-23　2014—2018 年粤港澳大湾区（除香港、澳门）各板块城市市政公用设施固定资产投资完成额（亿元）及占比情况[1]

在各板块增速方面，2014—2018 年仅排水业务呈现持续增长趋势，其他板块业务均呈现不同程度的波动。此外，粤港澳大湾区（除香港、澳门）不含集中供热业务；地下综合管廊业务自 2016 年开始统计，2016—2017 年下降了 33.29%，2017—2018 年增加了 841.14%（图 7-24）。

---

[1] 数据来源于《城市建设统计年鉴》。

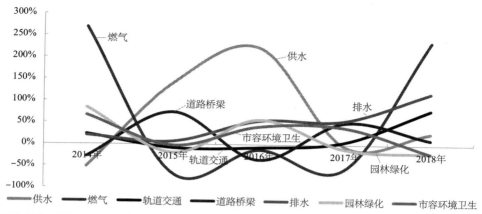

图 7-24 2014—2018 年粤港澳大湾区（除香港、澳门）各板块城市市政公用设施固定资产投资完成额增速变化情况

具体来说，在供水、排水板块，2014—2018 年粤港澳大湾区（除香港、澳门）供水排水板块的固定资产投资完成额呈现连年增长趋势，供水从 2014 年的 2 亿元增长到 2018 年的 20 亿元，增长为 10 倍，排水投资完成额从 21 亿元增长至 2018 年的 120 亿元，增长接近 100 亿元，供水业务稳步增长。随着大湾区城市基础设施的发展，给水排水业务具有较大的市场发展空间（图 7-25）。

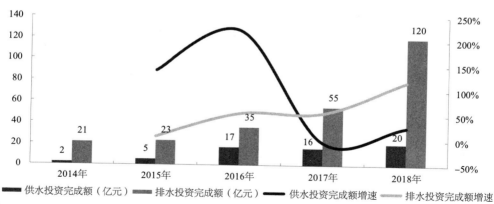

图 7-25 2014—2018 年粤港澳大湾区（除香港、澳门）供水和排水业务投资完成额及增速变化情况[1]

---

1 数据来源于《城市建设统计年鉴》。

7.4 成渝城市群

7.4.1 重庆和成都经济发展较快，城市固定资产投资完成额名列前茅

成渝经济区作为西部地区重要的经济中心，范围包括四川省的 15 个市和重庆市的 31 个区县。2020 年 1 月 3 日，中央财经委员会第六次会议提出，要大力推动成渝地区双城经济圈建设，在西部形成高质量发展的重要增长极，这标志着成渝地区双城经济圈建设上升为国家战略。

生产总值方面，根据国家统计局数据，2019 年成都地区生产总值达 1.7 万亿元，在全国所有城市中排名第 7 位，增长 7.8%，增速在全国地区生产总值过万亿级城市中名列前茅；2019 年重庆地区生产总值达 2.4 万亿元，在全国所有城市中排第 5 位，增长 6.3%，增速在全国地区生产总值过万亿级城市中名列前茅。

投资方面，根据国家统计局数据，2017—2019 年，重庆、成都固定资产投资完成额的城市排名分别为第一、第三；同时，根据住房和城乡建设部的统计年鉴，成都和重庆城建投资完成额增长速度在全国排名前十（表 7-1）。

2017—2019 年中国城市固定资产投资完成额排名（亿元）[1]　　表 7-1

序号	城市	2017 年	2018 年	2019 年	总计
1	重庆	1.74	1.87	1.97	5.58
2	天津	1.13	1.06	1.21	3.40
3	成都	0.94	0.83	0.92	2.69
4	青岛	0.78	0.84	1.02	2.64
5	武汉	0.79	0.87	0.96	2.61
6	长沙	0.76	0.84	0.93	2.53
7	北京	0.89	0.81	0.79	2.49
8	郑州	0.76	0.84	0.86	2.46
9	西安	0.76	0.82	0.83	2.40
10	上海	0.72	0.76	0.80	2.29

---

[1] 数据来源于国家统计局。

7.4.2 成渝城市群市政公用设施建设以轨道交通与道路桥梁为主，给水排水业务低于全国平均水平

在市政工程方面，成渝城市群 2014—2018 年市政公用设施建设固定资产投资完成额呈现增长趋势，2018 年达到 2042 亿元，较 2014 年增长了 84.59%（图 7-26）。

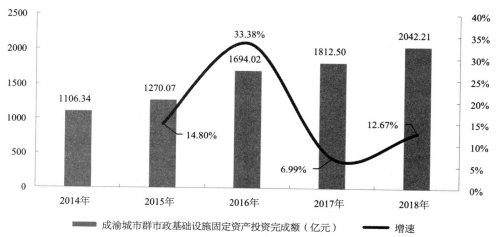

图 7-26　2014—2018 年成渝城市群城市市政公用设施建设固定资产投资完成额及增速变化情况[1]

从各板块来看，成渝城市群主要传统基础设施建设集中在轨道交通以及道路桥梁方面，占总投资均超过 70%，高于全国平均水平。而供水以及排水专业方向投资完成额占总投资完成额不到 5%，低于全国平均水平近 10%。未来，在中国城市化水平不断提升和综合交通不断完善的趋势下，以综合交通引导城市发展的 TOD 项目必将成为城市建设的主流，成渝地区双城也将迎来新的发展机遇（图 7-27）。

1　数据来源于《城市建设统计年鉴》。

7 城市集群化发展分析

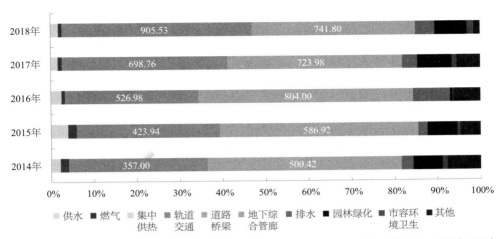

图 7-27　2014—2018 年成渝城市群各板块城市市政公用设施固定资产投资完成额（亿元）及占比情况[1]

各业务增速方面，2014—2018 年仅轨道交通板块保持持续增长，其他业务均呈现一定的波动，此外，地下综合管廊业务自 2016 年开始统计，2016—2017 年增长了 250.83.21%，2017—2018 年增长了 163.91%（图 7-28）。

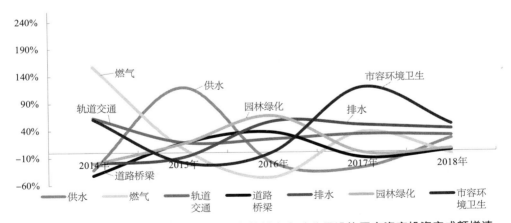

图 7-28　2014—2018 年成渝城市群各板块城市市政公用设施固定资产投资完成额增速变化情况

---

[1] 数据来源于《城市建设统计年鉴》。

7.4.3 成渝城市群以产业发展带动基础设施建设，多领域强化成渝地区优势

近年来，成渝地区第二产业产值占比及增速出现下降趋势，第三产业产值占比及增长显著。未来，成渝地区联手打造成渝双城经济圈，产业升级转型、分工协作、协同发展的新趋势将为成渝地区的传统制造业以及相关基础设施建设带来增长新活力。成渝共建西部金融中心，助推双城经济圈建设。成渝地区近年来始终致力于建设西部金融中心，2018年第10期"中国金融中心指数"排名显示，成都位居全国第六、中西部第一，重庆位居全国第九、中西部第二。

7.4.3.1 大力发展物流园区及区域性物流枢纽

作为西部地区经济的引领者，同时核心城市又毗邻长江黄金水道，成渝地区物流业的发展前景广阔。"十三五"期间，重庆、成都都着重发展物流园、物流枢纽体系。重庆依托"三个三合一"国家级枢纽平台，布局建设重庆西部现代物流园、重庆航空物流园、果园港物流园三大枢纽型物流园；同时依托12个区域性交通物流枢纽，布局建设12个节点型物流园区，规划建设"3+12+N"的物流园区体系。成都以五大物流园区、六大物流中心为核心构建"五园区—六中心—若干服务站（配送点）"的"5+6+N"市域物流节点设施，以及"五口岸—两区域—若干场所"的"5+2+N"立体口岸空间规划布局体系。

7.4.3.2 聚焦城际高速铁路和城际轨道交通等领域

目前成渝地区运营高铁线路有成绵乐城际铁路、成渝高铁、成贵高铁等，高铁线路网络正逐步完善。加快成渝地区双城经济圈城际高速铁路和轨道交通建设，将完善地区交通线网结构，发挥网络效益，从而有效缩短双城经济圈时空距离，促进区域内人、物高效流动，降低交通运输成本，增进经济圈内经济联系和一体化发展。

7.4.3.3 积极布局新能源、大数据中心、物联网、区块链等新兴领域

成渝两地新能源汽车产业及推广应用正有序推进，成效明显。"新基建"中充电桩的建设配合成渝两地汽车产业集群，可以带来部分投资拉动效应，部分

缓冲疫情对成渝地区经济的影响，同时又能调整经济结构，推动成渝地区经济新旧动能转换。同时，国家持续优化数据中心布局，数据中心逐步向自然资源较为优越的中西部地区转移，成渝等中西部城市需要依托优越的自然资源加快数据中心布局。而云计算发展水平尚处起步阶段，规划更侧重云平台的培育和引进。

第四篇
观战略：差异化战略与能力构建

自 2000 年后，我国勘察设计行业经历了飞速发展的 20 年，对绝大多数的勘察设计企业来说，业务规模都是沿着直线一路向上快速增长，也取得了令人瞩目的成绩。然而，面临国家"十四五"的新发展阶段，面对巨大的外部不确定性，原来依靠行业发展惯性保持增长已不现实，越来越多的企业开始思考自身的差异化发展战略以及在行业中的核心竞争力所在，即企业未来的发展思路与过去的发展思路有哪些差异？未来的发展如何与行业内其他企业体现差异？只有洞察在行业中差异化发展空间与机遇，才能形成企业的核心竞争力。

同时，为了践行勘察设计企业差异化发展战略，企业也必须同步从市场、产品、产业链延伸方面进行思考，在未来行业诸多差异化的路径中自身应如何抉择，以及在组织能力、业务能力、市场能力、生产能力、人才能力、创新能力等方面应采取怎样的措施来应对战略的差异化定位。

8 差异化战略选择

8.1 从复制走向不可复制

如果回顾中国勘察设计行业 2000—2020 年的战略发展思路，可以看到两大典型的特点，单一化和同质化。

一方面，绝大多数企业仍以自身细分行业的勘察设计业务作为核心业务，部分勘察设计企业开展了工程总承包业务，但总承包业务的范围仍主要限定于自身的传统业务领域，如石油天然气设计院的工程总承包业务仍在产能项目和长输管道，化工设计院的工程总承包业务仍主要在各类化工厂，水利设计院的工程总承包业务主要集中在水库和引调水工程，市政行业设计院的工程总承包业务主要集中在各类水厂和道桥领域等。可以说，过去由于资质管理和行政管理要求带来的行业和区域的保护，既给勘察设计企业带来了充分的自我发展空间，同时也让勘察设计企业失去了进一步发展壮大的动力，缺乏跨行业、跨区域发展的意识和能力。

另一方面，勘察设计企业在发展路径上呈现高度的同质化，主动求变少有、被动跟跑居多。大多数企业对依托于中国城镇化进程的历史性机遇取得的高速发展的成绩以及中长期城镇化进程趋缓后将带来的压力缺乏清醒的认知，在行业发展的巨大惯性下以稳增长为首要战略，多年来将保持营业收入或利润的指标增长作为战略的核心，以"摊大饼"式的自由发展作为主要发展思路。因此，在经历了高度同质化发展的 20 年后，行业竞争进一步加剧。竞争的主要原因很大程度上来自供给能力的高度同质化，同质化竞争带来的必然是低价竞争，而低价竞争将极大地影响勘察设计企业的技术服务质量，不利于城镇化进程的高质量发展，这也是建筑业大力推进供给侧结构性改革的重要原因之一。

进入"十四五"的新发展阶段，如何实现高质量发展这个课题同时摆在了国家、城市、企业多个层面。中国不可能重复过去的发展模式，城市也不可能持续曾经的"摊大饼"式发展和绝对依赖低成本的人口红利竞争模式。对大部分勘察设计企业来说，低价竞争已经给行业和企业的良性发展造成巨大的伤害，只有从供给侧结构性改革出发，坚持走差异化发展的战略思路，打造需求方不可或缺、人无我有、差异化的核心竞争力，从红海中找寻蓝海、从复制走向不可复制，才能在市场中占据供给端优势，真正提升服务的附加值，为企业创造高质量发展的未来。

8.2　从区域垄断走向市场竞争

从市场角度来看，传统勘察设计企业的竞争格局具有典型的区域垄断性。这里的"区域"有三重含义：一是从企业所属行政区域来看，勘察设计企业在所属省、市等多具有明显的区域垄断性；二是从企业隶属关系来看，有些勘察设计企业隶属于大型产业集团如中石化集团、中石油集团等，有些勘察设计企业隶属于区域性行政管理机构如流域委等，也导致了在集团或固化区域范围内的垄断；三是从行业来看，受制于勘察设计资质，各勘察设计企业在各自核心业务领域内均有较明显的排他性。

但这一区域垄断现象的形成也并非勘察设计企业有意为之，多数仍是各类客观因素叠加的结果。首先，从企业资质管理的现实情况出发，我国资质管理既规则严格又条线清晰，即国家各部委分别负责不同行业的资质审批，勘察设计企业想获得较高等级的资质都有较严格的限制，这也决定了勘察设计企业难取得跨行业的资质并开展相关业务，只能专注在本业务领域发展，无法横向拓展；其次，大多数勘察设计企业脱胎于行政管理体制，多有明确的主管部门，如原本的省级、市级设计院均隶属于各住房城乡建设厅/局、交通厅/局、园林局、水利厅/局等，各勘察设计企业作为各行政主管部门的主要技术支撑单位，在区域各类大型工程投资的前期深度参与，在区域市场内具有天然的垄断性；最后从企业发展需求来看，在城镇化进程高速发展的阶段，各区域均有大量的工程建设投资，各勘察设计企业在本区域内的工作都忙不过来，缺乏对外开拓市场以及进行市场化竞争的意识和意愿。

但进入"十四五"时期，勘察设计企业的发展依靠自然性垄断已难以为继，从垄断走向市场竞争已经成为必然。很多勘察设计企业已经发现，在自身尚未意识到的情况下，已经在市场中被动地参与竞争了，即已有一大批积极探索市场化的同行业企业们在大力地跑马圈地，力争凭借自身优势占据更有利的市场地位和更大的市场区域。

促使勘察设计企业发生转变的原因主要有三个方面：其一是体制机制改革的加速。无论是事业单位转企改制还是国有企业混合所有制改革的推进，都为勘察设计企业提供了更灵活的体制机制和更强烈的自我发展动力，促使勘察设计企业更为积极地拓展市场争取项目；其二是区域市场的增速放缓。随着城镇化率的不断攀升，相关工程建设投资增速放缓，企业面临的发展压力进一步加大，也促使勘察设计企业尤其是头部企业加快市场化竞争的步伐；最后是行业的政策导向，无论是从资质改革还是招标投标改革以及相关的工程建设组织模式改革，都可以看到市场化发展是行业政策的引导方向，区域垄断和行业垄断的壁垒都将被逐步削弱，只有全力融入市场的企业才能发展得更好。

从市场化竞争的布局思路来看，各类勘察设计企业采取的策略不一，从国内市场竞争来看，主要有三种思路：

一是区域深耕。这一发展思路在以往具有较明显的区域特征，且在区域内经济总量与工程建设投资总量较好的勘察设计企业中较为明显，例如处于中西部地区的省、市级区域性设计院。一方面，从国内投资情况来看，中西部地区由于城镇化进程相对东部地区偏慢，因此在工程建设投资方面仍有较大增量空间，足够保证区域设计院具备较好的发展。另一方面，虽然中西部区域工程建设投资仍有较大的增量市场，但市场化竞争已日趋激烈，诸多业务不饱和的东部地区、全国性的大型勘察设计企业纷纷开展外部市场拓展，"杀入"到中西部地区市场中，加剧了中西部地区的市场竞争。因此，在面临利好的市场和蜂拥而至的市场竞争者的双重因素叠加下，大部分勘察设计企业基于自身的本土化资源优势，选择在本地市场加大深耕力度，更高效、全面地利用自有资源，力争保持住在本地市场的优势地位。

二是以点带面的大区域经营。这一发展思路在以往具有较明显区域特征但在区域内投资增量放缓的勘察设计企业中较为明显，例如处于东部地区的省、市级区域性设计院。一方面，由于城镇化进程较快，东部较多区域已经过了投资建设的高峰，大量的房屋建筑、基础设施已趋于完善，工业领域限于环保、资源等条件无法大规模建设，传统优势区域的市场下滑明显。另一方面，受限于企业规模和勘察设计行业属地化现场服务的要求提升，无法大范围开展全国化布局。因此，在力争守住传统区域的基础上，这类勘察设计企业积极主动地开拓周边省市，通过扩大市场区域提升业务规模，同时选择周边省市可有效控制服务半径、保证服务的质量水准。

三是全国化布局经营。这一发展思路在缺乏传统区域保护、行业影响力较强的全国性的大型勘察设计企业中较为明显，例如部级院、具备工程设计综合甲级资质的大型勘察设计企业等。一方面，在省、市级勘察设计企业区域特征明显的大背景下，缺乏自己"地盘"的大型勘察设计企业必须依赖全国化布局、市场化竞争来生存。另一方面，在工程建设需求越来越综合化、系统化的引导下，各地区市场对勘察设计企业的多行业综合性工程技术服务能力的需求越来越明显，这也凸显了大型勘察设计企业的优势，进一步推动了大型勘察设计企业的市场竞争力。

从国际市场化竞争来看，随着国家"走出去"战略以及"一带一路"建设的推动，我国企业的国际化进程不断加快，勘察设计企业也积极走出去参与国际市场竞争。从市场布局来看，以拉美、非洲、东南亚等国家和地区为主，欧美发达国家较少。从目前参与竞争的方式来看，主要分为三种模式：

一是借船出海。这也是国内绝大多数勘察设计企业的主要选择，与国内在海外市场有投资实力和经营渠道的大型产业集团、建设集团达成战略合作，借助合作方的资源承接国内企业的海外项目或与合作方共同承担海外项目。"借船出海"模式的形成主要基于两个原因，一是海外市场的拓展以发展中国家为主，目标国别大多是"有项目没资金"的状态，想拿到项目就必须带资进场，这就需要承包方具有较强的投资能力、融资能力和资金实力，而勘察设计企业在投融资方面缺乏经验和实力，难以实现自主拓展海外市场。二是在以国内大循环为主体，国内国际双循环相互促进的新发展格局下，国内市场依然是全球工程建设市场的重心，大多数勘察设计企业的业务重心仍然在国内，海外市场仍处于探索阶段，难以投入大量资源。

二是海外自主开拓。部分勘察设计企业依托自身优势技术如工艺包、专有技术等，在海外市场已经形成了较强的品牌影响力，因此，在具备条件的市场区域成立了海外办事处等区域市场开发机构，立足于自身开发海外市场，典型的如国内的化工院、石化院等工业院。采用这种模式有两个先决条件，一是企业在海外市场已经形成了一定的知名度和认可度，具备相对成熟的自有市场渠道，形成了较好的自主开拓市场基础；二是企业具备满足当地市场建设模式所需的业务能力，如有的国家和地区惯常以欧美标准进行工程设计，有的国家和地区习惯以工程总承包模式发包项目，有的国家和地区习惯以 BOT 模式发包项目，只有与当地市场需求高度契合，才能形成真正稳固的市场竞争力。

三是海外属地化扩张。少数勘察设计企业也通过兼并收购、合资合作、独立注册等方式，在海外市场安营扎寨，通过在当地市场注册成立海外子公司，深度融入所在国，开展属地化服务和市场拓展。从行业的实践情况来看，海外属地化扩张的模式比较少见，一般常见于大型产业集团在国外有稳定的投资项目需求或所在国与我国长期建立良好的战略伙伴关系，并且海外属地化扩张需要大量的资源投入并承担较大的生产经营风险。一方面，在多变的国际政治经济环境下，生产经营的稳定性和连续性面临较大的不确定性；另一方面，属地化扩张面临用工、合同等方面的法律风险，自身队伍建设及管理方面也面临巨大挑战。

8.3　从同质化服务走向差异化服务

勘察设计企业本质是提供技术服务，是现代服务业的重要分支，由于人员平均素质较高，从社会角度看来，往往是以典型的高端技术服务商的形象为主，但在多年来高速发展的行业大背景下，技术人员的工作负荷日渐加大，很多业内人士已经将勘察设计行业看作是劳动密集型行业，与之相对应的，绝大部分勘察设计企业同步陷入了高度同质化竞争的环境中，同质化带来低价竞争，这是所有单位都不愿意面对的情形，如何摆脱同质化竞争、走向差异化服务也成为新发展阶段勘察设计企业的重要选题。

从广义来看，勘察设计企业差异化服务的本质在于为客户提供差异化的价值，主要体现在三个方面。

一是通过提供差异化的产品为客户创造差异化价值，如以数字化能力打造智慧新产品、以综合化能力打造多行业集成新产品、以同类典型业绩打造新产品等。

二是通过寻求差异化市场为客户创造差异化价值，其核心在于对市场的差异化细分，不断发现客户的差异化需求，并根据差异化市场去打造差异化产品以赢得新市场。

三是通过打造差异化能力为客户提供差异化服务，其核心在于对客户需求的差异化分类分级后，在技术、质量、服务、成本控制等方面采取相应的服务措施，可以根据工程项目的规模、客户的重要程度、市场的重要性等进行分类分级，从而形成对客户在不同产品及市场维度的差异化竞争优势。如对中小型项目以高效率、高比例分包等方式提供低成本，对重点项目、重点客户以高端技术、高端质量提供高水准服务，从而形成差异化竞争优势。

8.4 从单一环节发展走向产业链两端延伸

在建筑业供给侧结构性改革的趋势下，工程建设组织模式改革已经成为勘察设计行业高质量发展的重要手段之一，其核心内涵在于从传统的勘察设计环节向建筑产业链两端延伸，为客户提供更多样化、全过程的服务。从产业链各环节盈利情况来看，工程建设阶段的勘察设计和施工是盈利能力最低的环节，前端与后端的盈利能力均有明显提升，这也是闻名全球的国际工程公司法国万喜公司的盈利之道，而万喜公司的产业链延伸，也正成为国内勘察设计企业的发展方向。

一方面，积极向产业链上游延伸。主要是从勘察设计环节向前端的规划策划、投资等环节延伸。传统的勘察设计企业聚焦于工程建设阶段，可以称之为被动行业，即客户有了投资意向、工程规划和项目策划再开展工程建设阶段工作，寻找相应的勘察设计企业提供技术服务。从市场需求端来看，客户在投资决策、项目规划策划等方面有十分强烈的需求，因为只有在工程建设前期做好策划，确定项目有良好的投资回报，客户才能够准确地作出投资判断。同时，对勘察设计企业来说，在规划策划、投资策划等前期的介入将极大地有利于后期工程建设阶段项目的承接，有助于传统勘察设计业务的规模扩张。此外，部分资金实力雄厚且有较好投资机会的勘察设计企业也积极介入投资环节，以多种方式参与项目投资，也有诸多如水电站、新能源、化工厂等取得良好投资回报的行业典型投资案例。

另一方面，积极向产业链下游拓展。主要是从勘察设计环节向后端的采购、施工、项目管理、运营维护等环节延伸。在工程建设组织模式改革的趋势引导下，工程总承包业务市场得到了快速发展，勘察设计企业也适应市场需求，积极地向全过程咨询、EPC 工程总承包等工程建设阶段的全周期服务模式转型，在组织机构、管理体系、人才队伍建设等方面主动求变以匹配业务发展需求。此外，勘察设计企业在运营维护等环节也逐步加大业务发展。一是很多勘察设计企业依靠设计阶段的先发优势，借助数字化手段开展智慧运营服务，如智慧楼宇、智慧园区、智慧城市、智慧水厂、智能交通、数字化工厂等产品已得到全面推广，为勘察设计企业在数字化转型的大环境下重新取得高端技术优势奠定了基础。二是在维护等环节，勘察设计企业也积极发力，力争在存量市场领域觅得先机，如交通、水利、长输管道等领域的检测监测业务已经逐步成熟起来，勘察设计企业在具备设计基础资料以及熟悉各类工程参数的情况下，天然地占据了相关业务的优势，在部分企业已经逐渐成长为主营业务。

在新增市场放缓的大趋势下，通过投资、规划策划等上游业务加强增量业务的获取，通过工程总承包、全过程咨询等提升增量业务的服务能力，通过运营维护等工作做大存量业务，已经成为行业的共识。

9 差异化战略能力构建

从发展趋势来看，同质化走向差异化已经成为勘察设计企业的必然方向，而无论是打造差异化产品、塑造差异化市场还是构建差异化能力，其最终落脚点都在于企业通过组织架构的优化、业务能力的培养、市场能力的提升、生产能力的提高、人才队伍的改善以及创新能力的打造等一系列与构建差异化战略密切相关的管理手段和措施，真正形成企业差异化战略能力。

9.1 差异化组织能力构建

组织结构是支撑企业运行管理的重要管理基础，是与企业的发展战略、市场需求、生产运行需求高度统一的管理载体。对勘察设计企业而言，在多年的区域化、同质化、单一化发展过程中，大多沿袭传统的院所两级管理模式，院层面设置行政管理部门，所层面以专业所或综合所模式设置，管理组织结构固化多年且在传统业务、传统区域、传统模式下运行顺畅，企业往往感受不到组织结构变革的必要性。但随着行业差异化竞争战略时代的来临，勘察设计企业传统的组织结构在业务能力、市场能力、服务效率等方面已无法满足新发展阶段的需求，因此，诸多勘察设计企业也以差异化战略为导向，在区域组织、生产部门、项目管理部门、行政管理部门等各类型组织中主动探索差异化组织能力建设之道。

9.1.1 区域差异化组织建设

在从区域垄断走向市场化竞争的新发展阶段，勘察设计企业在区域市场如何布局、设置什么样的组织形式以及承担什么样的组织定位是摆在面前的首要问题。从目前的行业实践来看，区域市场的组织形式主要为两种：经营中心和利润中心。

经营中心是企业为了承接项目和为总部增加合同额而设立的区域分支机构，承担了企业在区域内的市场开发职能。在设置经营中心模式的区域组织后，企业往往将该区域内的所有市场开发工作交由其完成，其他相关生产部门不再参与其中。对企业来说，可以采取自主设立或与外部具有经营资源、文化理念一致的优秀团队合作等方式，充分聚合资源，发挥团队在市场端的主观能动性。采取自主设立的模式，一般需要企业总部在区域内有较好的市场资源基础，区域分支机构以总部品牌与已有客户对接，做好具体项目级经营，企业应依据市场资源基础对区域分支机构下达市场目标并进行相应的考核奖励。采取团队合作的模式，一般需要合作团队方在区域内有较好的资源基础，企业方应具有较好的品牌形象与影响力，区域分支机构一方面依靠自有资源为总部承接项目，另一方面依靠总部品牌形象深度挖掘市场，企业应根据区域分支机构的经营贡献对其进行奖励。

利润中心是企业为了完成项目承接与合同履约，为总部增加利润而设立的区域分支机构，承担了企业在区域内的市场开发职能、常规项目的生产履约及后期服务职能，利润中心一般设有独立的专业技术队伍以满足生产需要。设置利润中心模式的区域组织后，一般在区域内的市场开发都交由其完成，但在生产层面，由于区域内的人员队伍一般规模不大，因此主要承担中小型项目的生产履约，大型项目、复杂项目的生产履约一般由总部完成。

同样，对企业来说，可以采取完全自主设立或与外部具有生产经营资源、文化理念一致的优秀团队合作等方式，团队合作模式下要求合作团队必须有稳定的队伍以保证生产能力、稳定的市场资源以保证经营的连续性。如采用自主设立模式，一般企业多选择前期派出主要管理人员及专业技术骨干，逐步属地化组建团队的模式，保障区域分支机构的前期与总部的战略一致性以及后期的稳定可持续发展。对按利润中心模式设置的区域分支机构，总部一般管控力度较大，需要在市场、合同、进度、质量、财务等多方面对分支机构进行管控，同时以分支机构对总部的利润贡献或收入贡献大小给予奖励。

9.1.2 生产部门差异化建设

在市场化竞争加剧的形势下，企业的生产经营压力也愈发沉重，虽然很多勘察设计企业大力倡导全员经营的理念，但往往收效甚微，因此，很多勘察设计企业也在尝试从传统的一级经营模式转向"一二级经营"相结合的模式，对传统的所室由生产中心向利润中心转变，从完成生产履约为主向生产经营一体化模式转变，企业赋予各利润中心独立自主开拓市场的权利，内部对各利润中心采取独立核算、自主经营的模拟法人管理模式，以充分发挥各利润中心的积极性。同时，在考核分配方式上进行转变，从传统的对完成工作量进行考核转变为以新签合同额、营业收入、利润等经营效益指标作为考核重点，将企业经营压力有效地传递到生产部门，也推动生产部门自我驱动、自我发展。

除了向自主化发展模式转变，部分企业也在探索生产部门的柔性化、虚拟化设置。

柔性化组织，是勘察设计单位追求以业务为导向，建立的具备自我调节能力的创新生产组织模式。一方面，柔性化组织强调生产组织模式随业务动态调整，不拘泥于传统的综合所或专业所的二选一，而是以高效完成生产任务为原则，允许内部同时存在多种组织模式，提倡分业务特征推行矩阵式或职能式的生产组织模式。对勘察设计行业来说，未来的大型新建项目、大型改造项目的数量逐步减少是一个趋势，而全面推行的项目经理制对于大量的中小型项目而言其生产效率未必有职能式管理模式高，差异化、多样化的生产组织模式有利于提升整体效率。另一方面，柔性化组织强调人员内部的合理流动，通过推动专业技术人员的内部流通，改善组织间壁垒难以打破以及组织僵化等问题。

虚拟化组织是以客户为导向，在业务发展的初期采取的一种过渡组织形态。如今的工程勘察设计行业，客户对服务的要求愈发综合，很多业务已经不再是传统的专业所或以工程设计人员为主的综合所能够独立完成的，如智能交通、智慧城市、智慧水务、全过程咨询等新兴业务，更多的是需要协调内外部多方资源来共同协作完成相关业务的承接与运行，需要在传统的专业所或研发机构等组织间形成相对紧密的联系，但另一方面新兴业务的发展规模往往暂时不足以支撑成立事业部或分子公司形式的实体机构，因此，在原有的院所两层面机构中间插入中间层，形成了一种以业务为导向的一级半虚拟型组织，组织依托各生产实体构建，且部分存在交叉，也为后续新业务发展壮大后的"脱虚向实"奠定较好的组织基础。

生产部门模拟法人化、虚拟化、柔性化设置的同时，也对企业的管理架构和管理模式提出了新的要求。对各类组织来说，一方面，需要企业结合组织的定位、管理模式来厘清权责界面，避免"一刀切"的模式影响组织运行效率，在可控范围内实现对生产部门充分授权，真正为企业发展的责任主体"松绑"。另一方面，需要对各类组织及组织的管理团队进行有针对性的考核与分配，充分体现企业对生产部门发展的激励和约束，让权利、责任和回报相对等，实现"权责利"的统一。

9.1.3 项目管理部门工程化建设

随着工程总承包、全过程咨询等工程建设组织模式改革的推进，勘察设计企业向工程建设后端延伸的力度逐步加大，勘察设计企业逐步向工程公司转变，企业的项目管理也从过去单一的勘察设计项目管理转向工程建设全过程管理，这也对传统的勘察设计企业的组织机构设置提出了新的挑战。

从国际国内知名工程公司的经验来看，工程公司的组织架构主要分为两大类：

一是事业部型工程公司。事业部型工程公司一般为集团化企业，市场区域全国乃至全球化布局、业务范围涉及多个行业。一般按区域或行业设置若干事业部，典型的如国际工程公司按区域设置北美事业部、亚太事业部或按行业设置能源事业部、环境事业部等。在事业部型工程公司的组织架构下，公司总部主要设置职能管理部门，以管理、监督、风险防控、重大决策为主。各事业部作为所在区域、行业内自主运行的责任主体，是市场开发与合同履约的责任主体，事业部的组织结构设置方面以项目全过程服务为目标，满足工程总承包、项目管理和全过程咨询业务需求，一般设置项目管理的专业化部门，如项目经理部、计划控制部、采购部、施工管理部、质量安全部等项目管理部门。

二是单一行业的工程公司。单一行业的工程公司一般业务领域相对集中，组织结构设置类似于事业部型工程公司的某一事业部，一般在公司层面有完善的项目管理部门以实现对工程项目的全过程、全要素管理。项目管理部门负责提供项目经理、专业工程师等项目管理专业人员，通过组建项目部对设计、采购、施工、开车等进行全过程专业化管理。

从现阶段的发展来看，除了在化工、石化等行业，部分大型勘察设计企业已经完全向工程公司架构的组织转型，目前对绝大多数勘察设计企业来说，无论是业务、组织还是管理，都处于过渡阶段，对于工程类业务（工程总承包、项目管理、全过程咨询等）不同的业务发展阶段，目前常见的有以下四类组织模式：

（1）工程项目管理中心模式。在这种组织模式下，公司设置工程项目管理中心，对工程类业务实施统一化管理，设计所室与工程项目管理中心是平行机构，设计业务与工程类业务并行管理。一般在工程项目管理中心内部设置项目经理部、控制部、采购部、施工部、质量安全部等专业化管理部门，各部门按专业分别承担项目管理职责，工程项目管理中心不承担市场开发职责，但配合公司的市场开发工作，工程类业务的市场开发仍以公司为主。工程项目管理中心模式的优势在于统一管理，在工程类业务发展初期，往往面临着人员不足、经验不足等问题，集中统一的管理有利于快速地培养人才队伍、建立项目管理经验，但也存在生产经营脱节的问题，设计业务与工程类业务的相对独立也不利于企业发挥设计优势承揽项目。

（2）工程管理公司模式。在这种组织模式下，工程类业务仍然是采取集中管理的模式，设计所室与工程管理公司仍为平行机构，设计业务与工程类业务保持并行管理。工程管理公司一般内部设置市场开发部、项目经理部、控制部、采购部、施工部、质量安全部、设计管理部等相关专业化项目管理部门，各部门按专业分别承担项目管理职责，工程管理公司在负责项目执行的同时，也负责项目的市场营销，同时，内部的设计管理部负责工程类业务中的设计协调工作。工程管理公司与工程项目管理中心模式相比，除了集中管理的优势以外，一是补足了市场营销与工程类业务脱节的问题，二是通过设计管理部加强了设计协调能力。但由于设计业务与工程类业务并行运行，资源和市场都是并行管理，也同样会存在营销信息来源不足以及设计人员配合不佳等问题。

（3）事业管理部模式。在这种组织模式下，工程类业务采取分散运行、集中监管的模式。公司层面设置事业管理部，内部设置市场开发部、设计管理部、项目经理部、控制部、采购部、施工部、质量安全部等完善的项目管理专业部门，负责公司直管的工程类项目的营销与运行和公司所有工程类项目的监管。各传统的专业所室根据自身业务范围可自行开展小型工程类项目的市场开发与履约，各专业所室内设计业务和工程类业务一体化管理。事业管理部作为公司级管理部门，具有较强的资源协调能力，能够在设计协同、市场协同等方面发挥较好的作用，但对于公司直管工程类项目存在既是裁判员又是运动员的监管风险。此外，事业管理部模式的管理复杂程度较高，事业管理部直管项目与专业所室自主运行的工程类项目需要制定两类管理规则，对管理人员的能力和经验都会有较大的挑战。事业管理部模式适用于工程类业务发展有一定基础，具备基本的项目管理团队和项目管理体系的勘察设计企业。

（4）工程管理部模式。在这种组织模式下，工程类业务采取集中监管的模式。公司层面成立工程管理部，工程管理部内部无需设置部门，可依据公司管控要求设置专业化岗位，如项目管理岗、进度管理岗、采购管理岗、安全管理岗等相关岗位，所有工程类项目的市场开发与生产运行均交由二级生产部门承担，工程管理部只承担监管职责。同时，各生产部门内部应参照工程管理公司模式设置相对健全的项目管理部门及人员。工程管理部模式较好地实现了"管干分离"，各生产部门内部设计类与工程类业务的一体化实施也有效解决了市场协同和设计协调的矛盾。但这一管理模式对管理人员队伍、管理经验的要求较高，需要总部管理经验丰富、生产部门管理人员充足。

9.1.4 管理部门综合化能力建设

传统勘察设计企业的管理部门以行政管理为主要职能，在多年的管理实践中管理部门不断地进行专业化分工，形成了一定的管理部门及管理岗位的冗余。在追求高质量发展的新阶段，勘察设计企业在追求生产高效率的同时，也逐步认识到管理效率的提升对高质量发展的重要意义，而管理部门、管理岗位的专业化分工带来了部门间的管理壁垒，部分工作的流程过长、效率低下、部门间协调困难，严重降低了企业的管理效率，与"以客户为中心"的现代市场化高效服务的理念背道而驰。因此，在行业新的发展阶段，管理部门也与传统管理模式产生较大差异，扁平化、综合化的发展趋势明显。

一方面，为了减少部门间壁垒，管理部门向"综合化"发展，部分勘察设计企业在职能部门间进行整合重组，如人力资源管理、综合行政管理、党务党建管理部门等进行整合重组形成行政管理中心，将与生产一线紧密相关的如市场营销、生产管理等职能进行整合重组形成市场运行中心。通过管理职能、管理部门的优化重组，实现将公司层面的部门外部协调变为部门内部沟通，调整后的组织结构在公司层面的运行效率得到有效提高，原本需跨部门协调解决的矛盾在部门内部大多迎刃而解，实现了相近相关职能部门的综合化设置和高效率协同。

另一方面，综合化发展减少了部门的数量，也减少了中层干部岗位和编制，因此，需同步推行组织扁平化设置，在弱化管理层级的同时建立岗位职级体系。通过弱化管理层级减少管理的复杂程度，减少多行政层级岗位设置带来的审核审批等管控节点的增加；通过建立岗位职级体系为员工提供更多的本岗位提升空间。

9.2 差异化业务能力构建

业务能力是勘察设计企业生存的根本，是企业能为客户提供的服务内容，代表了企业自身的服务能力。在差异化战略趋向的新发展阶段，企业的业务能力也需要体现出差异化特色，换言之，企业需要在市场中体现出差异化的品牌形象，让企业在细分市场中具备特征明显的竞争优势。为了构建差异化的业务能力，企业需要从以下三方面着手：

一是进行业务细分，寻找差异化业务品牌。传统的勘察设计业务同质化程度很高，但这并不意味着在传统业务中不能差异化，恰恰相反，由于勘察设计企业在传统业务领域有多年的技术积淀和业绩积累，在传统的业务领域最有希望形成差异化业务。但在传统业务领域的差异化业务也必然不是常规业务，一定是有基于传统业务形态创新延伸或细分的高度专业化业务，例如我们看到大多数建筑设计企业均开展公建业务，也有如中元国际等企业在医疗建筑领域差异化品牌明显，但如果更进一步进行细分的话，是否有建筑设计企业在儿童医院、肿瘤医院等医疗建筑的细分领域具备特色化、差异化优势？在同质化中寻找特色差异化业务细分的领域，是打造差异化业务能力的基础。

二是进行品牌塑造，打造差异化业绩优势。过去勘察设计企业业务开展是"摊大饼"式的，接到项目就干，在本行业内的业务分散多样，说起来在本行业内有大把的业绩，实际上真正"人无我有""人有我优"的往往并没有多少。但在业务细分寻找差异化领域的基础上，企业必须快速将"基础"变为"优势"，即在可能的差异化业务方向上尽可能地积累业绩和口碑，将差异化形成品牌。

三是进行品牌推广，打造差异化品牌形象。在发现差异化业务的基础上，勘察设计企业应坚持不懈地加大品牌推广力度，通过品牌推广更快速地积累业绩，通过不断地积累业绩更有助于品牌影响力的形成，最终打造出如同日本"工匠精神"的代表——专注于寺庙建筑的千年企业金刚组一样的在勘察设计行业细分业务方向的"差异化工匠"。

9.3 差异化市场能力构建

勘察设计企业传统上并不是很需要市场经营工作，在早期的行业发展形态中勘察设计企业是高高在上的，很多情况下是客户在求着勘察设计企业服务，所以在早期很多勘察设计企业的组织架构上甚至看不到市场部等从事市场开发工作的部门。随着行业规模的不断扩大，供给侧资源不断丰富，竞争日渐激烈，勘察设计企业也感受到了供给侧结构性改革的压力，但在市场能力建设方面，绝大多数的勘察设计企业仍是"酒香不怕巷子深"的市场理念，抑或通过与客户保持良好的私人关系等方式来开展市场经营，可以说，当勘察设计企业的技术能力达到"硕士研究生"水平的时候，市场能力大部分还停留在"幼儿园"

阶段。在差异化战略的指引下，勘察设计企业需要从三方面入手，打造适应差异化发展阶段的市场能力。

一是市场研究能力。勘察设计企业进行差异化业务选择和品牌塑造的过程中，市场研究能力的重要性得以充分凸显。市场研究一般分为三个维度：首先是对行业的市场研究，主要分析行业细分领域的发展情况，如市政行业的道桥、给水排水、燃气热力、园林景观等，从细分领域的发展趋势、规模、投资等方面进行分析研究，明确业务重心；其次是对产品的市场研究，在行业研究的基础上，对各细分领域的产品方向进行深入研究，如在给水排水领域需针对净水厂、污水厂、供水管网等细分产品以及新建、维修、改造等服务需求进行分析，通过对产品和需求的进一步细分，甄别企业在哪些细分产品领域有竞争优势，可以将其打造为差异化品牌，同时也需要分析市场是否有可持续发展的机遇，只有企业有竞争优势且市场有需求的才能作为差异化品牌的选择；最后是对区域的市场研究，主要分析各省、市、县等细分区域的市场情况和竞争情况，根据企业自身需求和能力可以与行业、产品维度进行多维度组合分析，分析的结果应作为企业市场决策和资源配置的重要依据。企业只有持续地对市场进行动态研究和分析，才能够及时准确地作出市场决策。

二是市场技术能力。从勘察设计企业技术服务的属性出发可以看出，客户对于勘察设计企业的信任和决策更重要的是出自对技术能力的信任，其次才是价格等商务因素。因此，勘察设计企业的经营能力一定是建立在技术的基石之上的，这就对企业的市场与技术综合能力提出了更高的要求。理论上来说，如果企业的市场商务专家同时也是专业技术专家是最理想的，但往往兼顾两方面的复合型人才难以寻觅。因此，企业的市场技术能力多数体现在管理机制上，也就是要求企业内部的市场和技术形成紧密的联系。这一紧密联系应包括两个维度，一方面是市场端和技术端的紧密合作，即在市场端需要技术支持的时候能够得到高水平技术专家的支援，市场端也应当熟悉企业的技术优势，并有针对性地开展市场行为；另一方面是市场端和技术端的相互引导，市场端应积极地反馈客户的技术需求，引导企业的技术进步，技术端也应主动向市场端反馈目前企业的技术发展方向，通过市场端去主动试探市场反应并影响客户需求。

三是市场管理机制。传统勘察设计企业的市场管理是碎片式的，过多地关注承接项目本身，而忽视了对市场规范化、标准化管理的要求，在市场竞争加剧的环境下极易出现市场开发的无序和冲突。在占领市场殊为不易的今天，如果由于内部市场管理机制不健全导致丢了市场实在是得不偿失。从市场管理机制的范围来看，除了常规性的投标管理、合同管理等，常常被企业忽略的主要是市场开发机制。市场开发机制指的是企业在面对新市场、新业务时，如何确定市场开发的主体、方式、目标及管理要求等。首先是解决"谁去做"的问题。在新市场、新业务的开发过程中，市场开发主体总是具备先发优势，也往往是后续区域或业务的主力，所以对市场主体的选择往往会影响一个区域或一类业务的发展前景，需要企业从资质、能力、态度、业绩、相关性、成熟度等多方面进行综合考量。其次是解决"怎么做"的问题。企业是以自主承接还是合作进入、以低成本进入还是高溢价进入、是短期行为还是长期深耕、是做大还是做精？这一系列的市场开发方式或策略的问题都将影响市场的未来走向，也需要企业在采取市场行动之前明确。第三是解决"做到哪"的问题。主要是企业在进入市场后的目标如何设定以及如何激励责任主体实现目标等问题，这将决定企业市场行为的结果。当然，除了市场开发机制外，渠道管理、市场协调等机制也会对企业的市场能力产生重要影响，这也是在不同行业、不同发展阶段的勘察设计企业在提升市场能力方面遇到的关键性问题。

9.4　差异化生产能力构建

勘察设计企业保持正常运转的核心就在于"签约—履约—结算"的生产经营流程，在市场端完成项目承揽之后，即转入勘察设计企业最关键的管理环节——生产运行。虽然我们看到绝大多数的勘察设计企业都有成熟的质量管理体系、生产例会制度，但设计人员依然在抱怨工作负荷过于饱和，生产管理人员在抱怨人力资源难以协调，生产部门在抱怨项目取费太低不划算。从本质上来看，这重重的抱怨是企业生产资源配置效率不高的表现。企业的使命是获取最大化利润，即用最少的资源产生最大的利润，但由于缺乏有效的生产管理机制，往往企业的资源并没有得到充分利用。从勘察设计企业的实践方向来看，主要从以下三个方面打造差异化的生产能力。

一是生产流程的差异化管理。勘察设计企业的质量管理体系内一般对生产管理流程有明确的统一规定，但对企业来说，承接的项目千差万别，在业务类型、规模、复杂程度方面有明显的差异，用统一的流程来应对多样化的项目显然会造成大量的资源浪费和效率低下。因此，对企业生产任务进行分类分级，在此基础上进行差异化的生产流程设计，针对简单、小规模、技术成熟的项目实行流程简化以提高效率，对复杂、大规模、有技术创新性的项目按照常规流程操作保证质量和技术水准，可以有效地提升生产资源的使用效率，实现基于差异化流程的生产能力提升。

二是生产成果的差异化交付。工程勘察设计的成果几乎无法做到没有错误，因而在质量评审的过程中往往会以通过/放行而不是一百分作为标准，但在不同企业放行的标准也有较大差别，这在一定程度上说明了企业对自身成果质量的要求。从客户端来看，客户对于企业交付成果的质量标准也有自身的要求，而客户的要求与企业自身的要求大概率存在一定的偏差，往往是企业要求高于客户要求的情况居多。因此，对于企业来说，可以从对项目和客户的分类分级开始，对低等级项目、低要求客户在保证设计质量满足客户要求的基础上降低放行标准，对高等级项目、品牌项目、高要求客户、重大客户等保证甚至提高设计质量放行标准以凸显企业技术实力，通过生产成果的差异化交付提升生产能力。

三是生产资源的差异化使用。从目前国内勘察设计企业的人力资源情况来看，普遍人员素质较高，企业招聘人员的门槛一般都达到了国内一流大学的本科以上学历。但另一方面，从生产的实际需求来看，勘察设计行业中有大量的可标准化的重复性基础工作并不需要如此高的学历，更需要的是熟练的技术人员，典型的如一些以房地产施工图为主的大型建筑设计企业，在工序标准化分解后对人员技术水平的要求大大降低。因此，企业可以从两方面入手实现生产资源的差异化使用：一方面，企业可以以多种用工形式降低用工标准，并将这部分低成本的生产资源用于技术水平要求不高的常规、简单、标准化工作中，基于生产过程的大数据分析将这类工作充分识别出来并差异化生产运行，通过对生产资源的分类使用提高生产能力和生产效益；另一方面，企业可以通过建立基于自身业务需求的生产资源生态圈，将一批技术水平有保障、成本较低的优质分包商融入企业自身的生产资源系统中，通过借助外部生产资源从事简单、耗时、低效的工作环节提高自身资源的效率和效益。

9.5 差异化人才能力构建

人力资源是勘察设计企业最核心的资源，企业竞争的白热化意味着人才竞争的白热化，企业只有切实抓好人才队伍的建设，才能实现在业务、市场、生产等方面的全面发展。而从行业差异化发展的战略趋势来看，行业的人才竞争也与传统竞争存在巨大差异，从过去的专业技术人才竞争转入到企业管理、专业技术、项目管理、国际化等全方位人才队伍竞争阶段，这也是新发展阶段勘察设计企业人才能力构建的核心。

9.5.1 企业管理人才队伍建设

勘察设计行业传统上存在"重技术轻管理"的意识惯性，"技术优则仕"的现象较为普遍，对企业管理人才的重视程度不足。但企业管理人才是推动企业发展的主心骨，相比于专业技术人才是企业生产运行的核心力量，企业管理人才往往决定着企业发展的方向与路径，对企业的兴衰有更为重要的作用。因此，在企业管理人才队伍建设方面，必须坚持建立知事识人、选拔任用、正向激励的管理机制，着力建设高素质专业化企业管理人才队伍。

（1）健全知事识人体系，加强考核评价。加强对企业管理人才表现的综合分析、异常情况即时分析，切实增强企业管理人才资源配置的统筹性、前瞻性和科学性；持续完善组织绩效与个人绩效相结合的考核体系，加大企业管理人才工作业绩指标的量化考核力度，推进绩效考核不断优化；加强对企业管理人才岗位聘期考核评价力度，让业绩突出的人才获得更好的发展，业绩较差或没有完成目标任务的直接"淘汰"，促进企业管理人才的优胜劣汰。

（2）健全选拔任用体系，持续优化企业管理人才队伍结构，突出业绩导向。健全完善"三通道"建设，坚定不移地改善企业管理人才队伍结构。一是坚持德才兼备、以德为先，五湖四海、任人唯贤，人岗相适、注重实绩。二是打通优秀年轻企业管理人才发展的"绿色通道"，为年轻人搭建干事创业平台。

（3）健全正向激励体系，推进企业管理人才队伍建设常态化。一是持续完善有为有位、能上能下的用人机制和精准考核、奖罚分明的激励约束机制，健全以价值创造为导向的分配机制，大胆选拔使用想干事、能干事、干成事的人才，增强荣誉感、归属感和获得感。二是树立为担当者担当、为负责者负责的企业人才成长理念，营造鼓励创新、宽容失误的浓厚氛围，为企业管理人才的成长打造良好的空间。

9.5.2 专业技术人才队伍建设

专业技术人才是支撑企业创新发展的重要力量，也是勘察设计行业人才竞争的关键。勘察设计企业必须坚持高端引领，造就一批具有全球视野、国际水平、突出成果的战略科技人才、科技领军人才和创新团队，打造一支具有专业精神、善于创新、开拓进取的专业技术人才队伍。只有高端人才才有高端影响力，只有专业扎实的技术团队才能保证行业口碑。在专业技术人才队伍建设方面，应重点抓领军人才队伍建设以及专业技术人才结构改善和素质提升。

（1）领军人才队伍建设。领军人才是企业的门面，代表了企业在行业内的技术话语权。首先，企业应为专业技术人才成长搭好通道，给予专业技术人才成长的空间和相应的待遇，鼓励专业技术人员在专业上做精做优；其次，企业应主动选拔一批专业技术带头人，作为专业方向的领军人才培养，并给予相关政策支持，积极扶持专业技术带头人申报各级大师、院士等，通过内部培养与外部推选，既树立了个人的专家形象，也塑造了企业技术领先的行业地位；最后，对专业领军人才提出一定的要求，以领军人才为核心，进行专业方向的梯队建设，为长期持续的专业领军人才培育提供基础。

（2）专业技术人才结构和素质改善。专业技术人才是勘察设计企业保持战斗力的基础，但随着企业的发展，往往会出现阶段性的人才断层，同时，受市场需求的影响，项目对专业技术人员的需求向一专多能、专业融合的方向发展，为此，企业需要逐步打造具备多元化能力的专业技术人才队伍。首先，解决专业人才不足的问题，要从加大市场开拓力度入手，只有企业的业务发展有足够保证，才能够吸引来各层级的优秀人才，改善人力资源断层的问题；其次，多渠道利用人力资源支持，从老专家入手，聘请相关领域已退休的知名专家作为企业的技术顾问，快速建立公司技术专家智库，提升专业领域的技术水平上限，并请技术顾问承担起培训、带领团队技术升级的重任；最后，通过轮岗锻炼、交叉学习的方式，实现跨专业间的融合、工程设计与项目管理的融合、国内与国外的融合、设计与科研的融合，推进各专业的协调发展。

9.5.3 项目管理人才队伍建设

在勘察设计行业产业链两端延伸的趋势下，行业内对项目管理人才的需求量大增，项目管理人才队伍的建设已经成为各大企业关注的重点。一方面，优秀的人才尤其是项目经理存在较大缺口；另一方面，大量外部招聘人才也存在水土不服的问题，企业文化的融合难度加大，一味地依赖于外部招聘人才难以形成企业自身战斗力。从行业发展需求来看，外引内培的思路仍将是较长一段时期的主旋律，但在队伍建设的过程中，应重视激励机制、人才培养机制以及企业文化融合等重点。首先，建立针对项目管理人员的职业发展通道，加大对项目管理人才的激励力度，鼓励专业技术人员向项目管理人才转型发展；其次，加大社会招聘力度，并对现有项目管理人员进行有效遴选，建立总承包项目管理人才的资源库和培养体系；再次，着重建设项目管理体系，从制度规范层面协助项目管理团队提升能力；最后，重点加强社会招聘人员的企业文化宣贯，力争尽快将外部人员打造成企业内部的主人翁。

9.5.4 国际化人才队伍建设

虽然国际化发展已经成为勘察设计行业的重要市场方向，但从目前行业发展现状来看，企业内部国际市场的人才尤其是熟悉国际商务规则、国际技术标准以及国际项目管理要求的人才缺乏，也导致大多数企业在接项目时战战兢兢,在国际市场上始终无法真正地打开局面,但面临国内市场的下行压力,国际市场已经为重要的方向之一,人才的缺乏极易导致国际市场进入一谈就死、一做就砸的局面。因此,国际化人才的培养已经成为众多企业尤其是大型勘察设计企业人才队伍建设关注的重点,需要从人才培养、引进及合作等多方面强化队伍能力。首先,建立针对国际化人才的培养体系,从培训、轮岗、驻外等多方面开展对各类国际化人才的培育。其次,加大人才引进力度,尤其是国际商务、国际项目管理人才,立足于内部培养的难度很大且周期很长,无法满足企业的短期要求。最后,加大外部资源的合作共赢,借助相关合作机构在商务、法务、项目管理方面的人力资源,短期内改善企业国际化人才严重短缺的情况。

9.5.5 人力资源管理能力建设

想要提升人才队伍的能力,除了企业管理人才、专业技术人才、项目管理人才、国际化人才等四大类人才队伍的打造,勘察设计企业需要重点提升人力资源管理能力。在当前的管理实践中,除了履行好传统人力资源管理涉及的"选、用、育、留"等管理职责,企业对人力资源管理的需求已经有了新的变化,优秀企业的人力资源管理人才应该成为单位发展的战略合作伙伴,需要深入业务助力业务发展,需要通过人力资源共享服务(HRSS)、人力资源业务合作伙伴(HRBP)等创新管理模式。

人力资源共享服务(HRSS),一般是指大型企业集团内部,通过将人力资源管理方面的大量事务性工作(如招聘、社保、劳动合同、档案等)进行标准化集中,通过人力资源共享服务将人力资源部门解放出来,人力资源部门可以更专注于打造团队、提升员工能力素质以及战略性绩效管理方面的工作,成为公司战略实施的有效支撑。当然,人力资源共享服务也有其适用性,对于处于大型集团企业下属的勘察设计单位,已有相关的管理实践开展,对于集团层面而言,通过自上而下地推动"人力资源共享服务",会提升人力资源管理工作效率,降低一部分人力资源管理成本,但对于自主运行的非集团化勘察设计单位而言,这一服务形式可能现阶段内并不适用,未来或需借助成熟的公共型人力资源共享服务平台实现。

人力资源业务合作伙伴（HRBP），是指由公司人力资源部门派出人力资源管理者协助各业务单元或事业部开展内部人力资源管理及提升，提供一体化、专业化的人力资源服务，重点在于协助各业务单元内部的团队建设、员工成长等更"接地气"的工作。换言之，HRBP 是人力资源部工作的战略下沉及业务融合。对于"以人为本"的勘察设计单位而言，HRBP 理应得到大规模推广应用，但就目前而言，由于对 HRBP 角色在双向沟通能力、综合性专业能力以及深入理解业务的能力方面要求均较高，因此 HRBP 队伍的建设难度较大，但 HRBP 应当成为各勘察设计企业人力资源部发展的重要方向。

9.6 差异化创新能力构建

在国家"十四五"期间坚持创新驱动战略的发展思路指引下，勘察设计行业作为典型的智力密集型企业，应该也必须在创新能力构建方面做出表率。但与人才队伍一样，过去勘察设计行业的创新更多地关注技术创新层面，在新发展阶段和新的竞争格局下，企业间将是管理创新、业态创新、技术创新等多角度的创新实力比拼，创新能力突出的企业将在新一轮的竞争中占得先机。

管理创新方面，勘察设计行业管理模式并没有发生本质的变化，但在管理理念、管理手段、管理模式方面已与过去呈现巨大差异。管理理念方面，高质量发展、数据化可视化管理、集成化管理、精益化管理等理念已经成为管理中的"新常态"，而随着市场竞争环境的变化和企业员工群体的变化，可以预见企业的管理理念将向更加市场化、柔性化服务、自我式管理等方向发展。管理手段方面，从传统的企业 OA 到如今的数字化管理平台建设，数字化、人工智能等技术手段已经应用到企业管理当中，其中蕴含的是从过去的流程管理理念逐步向数据管理理念转变，而数字化和人工智能作为支撑管理的技术手段只是加速了管理理念的落地实践。管理模式方面，在国有企业占主导地位的勘察设计行业里，管理体制机制方面将迎来重大的变革期，在国企改革政策红利的驱动下，国有勘察设计企业的管理体制向混合所有制转变，管理机制也将日趋市场化，在外部市场竞争、内部管理方面的新动能将进一步被激发。从企业角度出发，无论是管理理念、管理手段还是管理模式的创新，都是为了优化配置资源提高生产力，企业需要做好行业内及跨行业的交流融合，做好企业内部管理创新机制的建立，形成全面管理创新的良好氛围。

业态创新方面，在市场的驱动下，勘察设计行业也正在国家新型城镇化的大潮中积极探索新的业态，一方面，从传统的技术服务商向提供整体解决方案的产业化集成技术服务运营商发展，在投融资、运营维护、设备、数字中国建设等方面创新业务领域；另一方面，积极探索 TOD、EOD 等新兴业务模式，以勘察设计技术服务为支点，寻找跨越式发展的新模式。从企业角度来看，在业态创新方面需要积极关注国家政策、行业政策等影响行业未来发展方向的重要信息，既要做好信息研判与发展分析，更要做好内部的资源储备和技术储备，在条件允许的情况下主动实践，打造勇于探索、积极包容的业态创新环境。从行业实践来看，已经有企业通过联合、合资合作等方式在积极探索业态创新，如天津建筑设计院、天津市测绘院与奥格科技建立战略合作，联合推动智慧城市建设与应用创新。中石油下属中国石油工程建设有限公司依托自身工程设计资源优势积极地向产业链下游的装备制造延伸，成立北京迪威尔石油天然气技术开发有限公司，以石油天然气行业成套设备为特色，通过自主研发制造、合资合作加工等多种方式开展业态创新，已形成系列化、标准化、智能化产品并在国内外市场取得成功。

技术创新方面，**BIM/CIM** 等技术应用正在逐步改变行业的竞争格局，数字化企业如腾讯、阿里巴巴等的跨界竞争也给勘察设计企业带来了巨大压力，但追根溯源，勘察设计企业的技术服务的属性不变，企业不能被盲目的数字化蒙蔽了双眼，对勘察设计企业来说，数字化的技术创新是手段、是业务，但基于工程需求的技术创新是根本。企业必须坚持以主业技术创新为核心，增强全员科技创新意识，完善技术创新管理机制，打造高度适宜技术创新的企业生态环境，依托技术创新占据行业优势地位。为提升员工技术创新的积极性，已经有部分勘察设计单位开始致力于打造"自组织"，以期望通过自组织的形式提升创新意识和创新能力。自组织，主要是指在不存在外部指令或要求的情况下，系统按照相互默契的某种规则，互相协调组成的某种有序结构。一个组织形成自组织的能力越强，则其创新能力也越强，典型的如谷歌等高度强调创新的互联网公司内部就具有高度发达的自组织。在面对多变的客户需求和快速发展的技术水平，靠传统组织中"自上而下"的反应速度和创新力度已经无法满足市场需求，而自组织基于技术发展目标自发形成，形成速度快且团队的专注度高，尤其适宜在研发型、技术创新型组织中发展，因而也成为勘察设计单位推动技术创新的较好方式。

第五篇
观实践：打造新发展阶段的工程公司

自20世纪80年代起由化工院引领的向工程公司转型的战略实践到今天已经超过30年的历程，除了化工、石化等行业外其他领域的勘察设计企业转型的意愿并不强烈，取得成功的也屈指可数。但从新发展阶段的行业发展趋势看，对大型勘察设计企业来说，国际型工程公司已经成为转型的主要选择之一。

企业的战略转型实践从来不是简单的一纸战略，更不可能一蹴而就，只有全面系统的策划加稳步实施才能成功转型。以下所述的勘察设计企业向工程公司转型的发展实践只是行业中众多案例之一，但其战略转型的思路、方法及取得的实效都具有很强的代表性，其通过吸取国内外一流工程公司经验，持续理顺管理体制和运行机制，大力发展工程总承包和项目管理业务，实现了设计程序、项目管理运作模式与国际惯例接轨，走出了一条由传统的单一功能勘察设计企业向具备全面开展项目管理和工程总承包业务能力的工程公司转变的创新发展之路，为行业内大型勘察设计企业的转型升级起到了很好的示范性引领作用。

10 战略转型实践的背景

10.1 基本情况

中石化石油工程设计有限公司（以下简称"公司"）是石油天然气行业内具有较高知名度和影响力的大型勘察设计单位，是国家甲级勘察设计单位。现有员工1200余人，其中专业技术人员占80%以上。能够承担国内外油气田工程、海洋工程、建筑工程、电力工程、通信工程、市政公用工程、电子系统工程等勘察、规划、设计；工程咨询、工程造价咨询、工程总承包、工程监理；油田地面建设工艺技术、市政工程技术等综合性科学研究试验等。

公司积极围绕"专业化、高端化、国际化、市场化、差异化"的发展要求，以"建设业界认可的国际型工程公司"为战略指引，持续加大市场开发力度，加大高端业务技术创新，大力发展工程总承包和项目管理业务，稳步推进基础管理体系建设，持续提升发展质量和效益水平，不断实践向国内一流工程公司的转型发展。

10.2 转型发展背景

作为传统的大型勘察设计企业，公司一直在探索未来战略发展的方向，尤其是面对近年来行业发展趋势的波动、市场环境的变化，公司业务结构和组织结构优化及管理能力的转型升级已迫在眉睫。公司正处于向工程公司转型的战略机遇期，无论是从外部环境驱动、对标追标，还是企业自身发展需求，公司都迫切需要实现由单一功能设计单位转型成为具有较强EPC项目全过程管理能力的工程公司。

通过做大做强总承包业务实现传统业务结构的转型升级，通过提升项目管理能力实现各业务的提质增效，通过组织结构和激励与约束机制的优化增强内外部市场拓展动力，实现以项目管理为核心的企业资源的优化配置，达到激发企业发展活力，增强发展内生动力的最终目标。

10.2.1 转型发展是行业发展趋势下的必然选择

石油天然气行业链条包括原油开采和炼制、成品油销售、石化产品再加工以及天然气工业，在国民经济中占有举足轻重的地位。石油产品是重要的战略资源，是仅次于煤炭的第二大能源消费品，目前已成为影响中国经济增长的重要因素之一。作为重要的战略性支柱产业，石油天然气行业具有技术密集型和资金密集型的特征，且行业发展受国家多方位管控，进入壁垒较高。

10.2.1.1 政策环境分析

2019年2月发布的《国务院关于取消和下放一批行政许可事项的决定》取消了石油天然气（含煤层气）对外合作项目总体开发方案审批事项，改为备案制，进一步扩大开放，积极利用外资，提高效率。2019年3月，中央全面深化改革委员会第七次会议审议通过了《石油天然气管网运营机制改革实施意见》，指出要组建国有资本控股、投资主体多元化的石油天然气管网公司。国家管网公司将分三阶段进行。首先，中国石油天然气集团公司、中国石油化工集团公司及中国海洋石油集团有限公司将旗下管道资产及员工剥离，并转移至新公司，再按各自管道资产的估值厘定新公司的股权比例；其次，新管网公司获注入资产后，拟引入约50%社会资本，包括国家投资基金及民营资本，新资本将用于扩建管网；最后，新管网公司将寻求上市。管网公司的成立将加快天然气市场化进程，促进行业内公平竞争，提高效率。

油气勘探方面，2019年12月自然资源部发布的《自然资源部关于推进矿产资源管理改革若干事项的意见（试行）》提出，将全面开放油气勘查开采，允许民企、外资企业等社会各界资本进入该领域。这个举措意味着国内油气市场将全面开放，我国油气勘查开采领域的国有专营的市场格局将被打破。

税收政策方面，2018年1月国家税务总局发布的《关于成品油消费税征收管理有关问题的公告》对消费税征收管理方式实施改革，对成品油经销企业的开票方式、开票金额及开票限额均作出了规定。该公告减少了避税逃税行为，进一步促进成品油市场化。

环保政策方面，近两年连续出台的《中华人民共和国环境保护法》《大气污染防治行动计划》《水污染防治行动计划》和《土壤污染防治行动计划》将生态文明建设不断地由概念向具体操作领域深入落实。自2020年起，全国范围将实施符合《轻型汽车污染物排放限值及测量方式（中国第六阶段）》（简称"国六标准"）的燃油替换。国六标准的汽柴油产品能削减8%—12%的排放量。

10.2.1.2　经济环境分析

石油天然气行业固定资产投资放缓。随着经济下行的压力加大，固定资产投资成为拉动国家经济增长的重要手段。2014年以后，我国石油和天然气开采业固定资产投资额呈波动下降趋势，2019年有所回暖，增至3306.4亿元。2020年受新冠肺炎疫情的影响，国内外经济下行，石油和天然气开采业固定资产投资大幅减少，为2327.7亿元，见图10-1。

图10-1　2014—2020年我国石油和天然气开采业固定资产投资额

10.2.1.3　社会环境分析

社会对生态系统和环境保护的意识增强。国家对生态文明建设的重视与日俱增，石油天然气行业对环境具有较强的污染性。一方面，从上游的石油勘探开发到下游炼化，产业链各环节均存在如含油泥沙、工业废水、废气等严重的污染源，同时，在消费阶段也将带来大量的碳排放，对大气生态环境造成严重影响。另一方面，国家对污染的严格管控也导致石油天然气行业的开采、加工成本加大，对行业的扩大投资产生显著的抑制作用。

10.2.1.4 技术环境分析

数字化技术的创新应用助力行业转型。油气行业在油田、管道、炼化、销售等不同板块对信息技术应用密集度高，数字化驱动行业转型升级和创新发展发挥着重要的作用。物联网、云计算、大数据、人工智能、5G等普适性技术，正在加速与传统油气工业的融合，推动企业向数字化主导的现代运营新模式转变。在数字技术的推动下，世界石油天然气行业自动化、信息化和智能化水平越来越高，数字化将成为石油天然气行业持续提质增效的有效途径和必由之路。石油企业积极顺应信息技术快速发展的趋势，加强与信息技术公司的跨界合作，加快"油气＋数字化"进程，在建设智能油田、智能炼厂、智慧管网、智慧加油站等方面不断取得新进展。

10.2.1.5 行业发展趋势小结

从行业发展的大趋势来看，公司的主营业务——石油天然气行业的发展环境已经发生明显变化，给公司长期发展带了巨大的挑战和机遇，公司向工程公司转型发展、大力开展工程总承包业务将是抓住机遇、直面挑战的重要手段之一。

挑战分析：一方面，原属于垄断状态的石油天然气行业将逐步趋于市场化，公司原有的市场优势将逐步减弱；另一方面，在环保政策等一系列外部压力的影响下，行业投资逐步进入下降通道，行业市场逐步萎缩。内部市场的丢失与外部市场萎缩的双重压力将给公司的持续发展造成较大压力。

机遇分析：一方面，在投资下滑、竞争加剧的环境下，能够为业主提供全过程、一体化、低成本的工程总承包模式服务的勘察设计企业将在市场中占据优势，公司在多年的实践中已有一定的经验积累；另一方面，数字化技术在行业的应用推广加速为具有技术优势的大型勘察设计企业带来新机遇，公司在数字化集成设计、"油气＋数字化"等业务领域已具备先发优势。

10.2.2 转型发展是企业高质量发展的必然选择

10.2.2.1 向工程公司转型是外部环境驱动的大势所趋

单一功能的勘察设计企业市场发展空间有限，缺乏项目管理和工程总承包业务管理能力，难以发挥设计在工程建设中的主导作用，难以适应市场发展需要。随着世界经济一体化进程的推进，在国家大力推广工程总承包建设模式的背景下，勘察设计行业面临着市场化和产业化的新形势，行业市场环境悄然变化，倒逼和加速传统设计企业转型的步伐。

转型是国家宏观政策的驱动。1999年，建设部出台了《关于推进大型工程设计单位创建国际型工程公司的指导意见》（建设[1999]218号），已开始鼓励大型勘察设计单位向工程公司转型。2016年，住房和城乡建设部发布了《关于进一步推进工程总承包发展的若干意见》（建市[2016]93号），明确提出在工程建设领域大力推广工程总承包的建设模式，积极培育工程总承包骨干企业，从国家政策层面推动了设计单位向EPC工程公司转变。2017年发布的《关于促进建筑业持续健康发展的意见》（国办发[2017]19号）进一步提出了完善工程建设组织模式的要求，重点提出了加快推行工程总承包以及培育全过程工程咨询的要求，为勘察设计企业向工程公司转型和大力发展工程总承包业务明确了方向。

转型是与国际接轨的驱动。EPC全功能工程公司是工程建设项目管理模式演变和发展的产物，在国外发达国家已十分成熟，是工程项目管理和设计、采购、施工的主力军。ENR对国际设计公司200强的统计分析表明，国际上真正的顶级设计企业几乎全是工程公司。另外，根据FIDIC的合同条件，国际建设市场趋向EPC合同，并多数由工程公司承担，这也促使勘察设计企业向工程公司转变。

转型是市场需求的驱动。近年来市场需求不断升级，越来越多的建设方认识到采用工程总承包的建设模式在缩短工期、降低造价、减少自身管理难度和降低管理成本方面优势明显，要求勘察设计企业具备提供EPC全过程一体化管理服务的能力，客观上也为公司转型创造了有利时机。对业主而言，提供"交钥匙"购买成品服务可以省钱、省时、省力，对工程公司而言，可以取得预期较高的利润，从而达到"双赢"的效果。传统的勘察设计企业没有提供项目全过程服务的能力,为了参与这些领域的竞争,勘察设计企业必须向工程公司转变。

10.2.2.2 向工程公司转型是大型勘察设计企业成功实现战略转型发展的必由之路

随着勘察设计行业的快速发展和行业体制改革的逐步深化,国内大中型勘察设计企业的主营业务都在由传统的单一勘察设计业务向具备工程建设产业链全过程项目管理升级。特别是在石油化工、冶金等需要重装备的行业领域,领先的设计企业如中国成达化学工程公司、中国石化工程建设公司、中国寰球工程公司、中冶赛迪工程技术股份有限公司等均已实现了向工程公司转型,其年产值也相应实现了由几个亿到几十亿甚至上百亿的爆炸式发展。以中国成达工程公司为例,从 1979 年起,在全国勘察设计行业中率先实行设计体制改革,用 10 多年的时间完成了三大战略性转变,即由传统的设计模式向设计新体制转变;由单一的设计院功能向多功能工程公司转变;由只承担国内设计向积极拓展国际市场转变。正是这三大转变,使成达在全国勘察设计行业脱颖而出,取得突破,1995 年成为我国设计行业首家进入美国 ENR 排名榜的设计院。2015 年,成达公司位列世界 225 家最大国际工程设计公司第 37 位,全球 150 家顶级设计公司第 34 位。

通过与成达公司等国内一流工程公司对标研究发现,公司作为单一功能勘察设计企业与工程公司在业务能力、组织结构、市场营销、人力资源、财务资产、技术质量、项目管理七大领域均存在一定差距,需要进行全面管理提升。七大领域问题的存在导致公司难以实现经营模式市场化、业务范围多元化、技术装备现代化、项目管理科学化的目标。公司作为单一功能的传统勘察设计企业,已不能满足市场环境的需要,必须不断地吸收先进工程公司的成熟管理理念和经验,形成自己独特的优势,特别是具备较强的项目全过程管理能力,从而增强自身实力,实现良性发展。另一方面,随着公司拓展工程总承包(EPC)、项目管理总承包(PMC)、海外市场等多元化业务的不断推进,对全过程项目管理能力的需求也十分迫切。

10.2.2.3 向工程公司转型是公司谋取长远健康发展的必然选择

当前,勘察设计行业正面临深刻的变革,传统优势市场也在不断地被各个民营设计企业和国外工程公司蚕食。从实际情况来看，勘察设计行业普遍式持续高速增长在 2014 年出现了停滞甚至逆转的情况。分析公司 2008 年以来的经营数据，公司的营业收入、盈利能力始终在一个层次上徘徊。受制于产业价值链单一、市场业务单一、赢利模式单一，企业发展已进入一个较高位置的瓶颈期，经济总量和效益水平难以有大的突破。可以预见在未来几年内，市场空间容量增幅将持续下滑，行业竞争将更加激烈，市场的一体化、市场需求的多样化和多层次化将催生勘察设计单位业务模式的转变。单一业务模式难以获得更多的市场机遇与项目订单，难以形成更多新的经济增长点。固守现有的运作模式与资源整合方式，可能遭遇更漫长的寒冬。要在竞争中赢得市场生存空间，公司必须增强危机意识和忧患意识，积极主动应变，克服惯性思维，改变传统管理模式，激发企业发展活力。加快由单一功能勘察设计企业向具备 EPC 全功能工程公司转变，是顺应国内市场需求和行业发展趋势的需要，是拓宽生存与发展空间的必然选择。

因此，公司处在从内部主动作出深化改革与转型发展战略决策的关键时刻，不进则退。必须创新机制改革，坚定不移地实施"向以设计为龙头的工程公司转型"的发展思路。犹豫观望，墨守成规，将使公司丧失发展的机遇，主动转型是公司谋取长远健康发展的必然选择。

11　战略转型的内涵与创新

11.1　战略转型的内涵

"从单一功能勘察设计企业向 EPC 全功能工程公司转变"的核心内涵为：以设计为龙头，充分发挥设计的技术先导优势，经营范围向工程建设前后两端延伸，实现由提供单一勘察设计服务向提供项目管理全过程产业链一体化的服务转变，即具备从咨询服务、项目管理、勘察设计、采购、施工管理到开车服务和工程总承包全过程服务功能，公司业务范围与盈利模式由工程项目价值链上的一个"点"向整条"线"和"系统"转变。全面提升公司项目管理能力、市场竞争能力、业务盈利能力和抵御风险能力，实现与国际接轨的转型发展。

转型发展的关键是深化设计企业体制改革与项目管理模式全面升级，实现与 EPC 全功能相适应的组织结构、专业设置、管理体系、人力资源、项目管理模式等工程公司所具备的要素、工作程序与方法的全面接轨。

转型发展的标志是以项目管理模式转变为核心的管理创新，即项目管理模式由直线式职能型管理向以项目经理负责制为标志的矩阵型项目全过程管理转型。

转型发展的目的是聚焦项目管理全过程，增强对项目的管控能力，提升项目质量效率与服务，增强项目盈利能力，实现项目管理模式与工程公司接轨，推进公司更好地发展壮大。

11.2 战略转型的主要特点

11.2.1 创新设计企业体制机制，实现与工程公司管理体制与运行机制的全面接轨

通过对标成达、SEI、LOPEC等国内一流工程公司，结合公司现状，创新设计企业体制机制，强化管理体系建设，建立有效的激励与约束机制，优化以项目管理为核心的公司组织架构，优化专业设置与人力资源配置，实现设计院向工程公司管理体制与运行机制的全面接轨，具备工程公司的基本特征，实现项目管理模式、设计程序和方法与国际惯例接轨。

11.2.2 创新企业资源优化配置，实现项目管理型工程公司功能

以项目全过程管理为核心，将公司运营管控重心和资源配置聚焦到项目，强化项目管理能力，实现项目管理型工程公司功能。一方面，设置专业化项目管理部门，加强项目专业化管理能力。另一方面，完善项目管理人员职业发展通道，开展项目管理岗位选聘，充实项目管理团队。

11.2.3 创新项目管理模式，实现以项目经理负责制和全成本核算为标志的项目管理模式转型

项目是公司成本控制与利润创造中心，也是公司独立经营核算的最小单元，公司全部营业收入和创效平台全部落实到项目。建立以项目经理负责制为标志的项目承包制，项目执行中心由专业所室转到项目部，落实项目经理责权利，明确项目经营管理的责任主体与主体责任，全面建立以单项目为核心的全成本预算与核算机制，强化项目绩效的量化考核，通过项目利润、成本、进度、质量安全与运营效益等关键业绩指标与项目团队的切身利益直接挂钩，项目与项目管理团队形成"一荣俱荣、一损俱损"的利益命运共同体。

11.2.4　创新管理体系建设，建立适应工程公司发展需要的项目管理体系和绩效与薪酬管理体系

以基础管理水平提升推进转型目标实现，优化顶层设计，创新管理体系建设，以项目管理为核心，以绩效与薪酬管理为重点，充分对标工程公司发展需要，编制完成涵盖项目全过程管理的167项、70余万字的管理体系文件，为转型发展提供制度保障。

11.2.5　创新内部经营模式，形成以项目为核心的内部市场化运行机制

建立完善以项目部为经营主体的公司内部交易市场，确立项目在内部市场化运行机制中的核心地位，推行项目经理负责制的项目经营承包试点。公司运行管理部为项目发包人，项目经理经授权成为项目承包人，作为项目部"甲方"代表负责执行项目合同；各专业所室作为乙方，为项目提供人力资源。内部市场各方的收益均与项目绩效挂钩联动。

12 战略转型的主要工作

自 2013 年以来，为深入推进公司经营模式的不断完善和优化，转变经营管理模式，全面提升公司生产经营的质量和效益，围绕"创建国内一流工程公司"的发展目标，开展了转型发展与管理升级系列调研与实践活动。通过对标国内一流工程公司，借鉴形成了公司转型发展的初步设想。通过组织结构优化、管理机制优化及管理体系建设等重点工作的稳步推进，基本完成了转型发展工作的主要目标任务。

12.1 总体情况

12.1.1 转型发展方案总体策划阶段

转型发展方案策划阶段主要通过对标调研、转型发展工作总体策划、转型发展相关基础准备等工作的开展，明确转型发展的目标、工作内容、工作步骤及组织保障等内容，以确保后续转型发展工作的有序开展。公司先后制定了《战略转型工作统筹计划》《战略转型工作实施计划》及《战略转型工作手册》等总体策划文件。

12.1.1.1 统筹计划作为公司转型发展的纲领性文件

统筹计划明确了主要的工作内容与职责分工、时间计划及目标要求，确立了加快由单一功能设计院向具备较强项目全过程管理能力的工程公司转型发展的转型发展目标，明确了全面实现以项目管理为核心、以单个项目全成本核算与绩效考核为重点、以项目经理负责制为标志的项目管理模式转变的总体目标，并策划了总体策划与试运行准备、项目管理模式试运行、持续优化改进三个阶段的总体计划。

12.1.1.2 实施计划作为转型发展工作推进的程序性文件

实施计划通过对转型发展工作进行详细分解，经过公司各相关部门的反复研讨，明确组织结构优化、管理机制优化以及管理体系优化各项工作的工作量，包括组织结构优化方案、管理机制优化方案及管理体系优化方案在内总计工作内容近 200 项。同时明确各项工作的责任部门和责任人及完成时限，从各部门抽调管理精英 60 余人，以转型发展项目部形式开展工作。

12.1.1.3 工作手册作为转型发展工作推进的操作性文件

工作手册用于明确各项工作的编制、审查、评审及流程发布，并建立项目周例会制度加强过程监督，保障工作有效落地开展。

12.1.2 转型发展方案实施阶段

转型发展方案的实施阶段主要包括组织结构优化、管理机制优化以及管理体系优化三方面的工作内容。

12.1.2.1 组织结构优化

重点调整了项目管理部门组织结构及专业所室设置，通过公司组织结构的调整，既实现了公司层面项目运行的统一管理，也同时实现了设计、总承包业务的一体化管理，有利于充分发挥设计在总承包业务中的龙头作用。

12.1.2.2 管理机制优化

为适应公司项目管理模式转型的管理需要，一方面，公司着力实现以矩阵式项目管理、内部市场化、项目经理负责制及单项目全周期成本核算为重点的项目管理运行机制优化；另一方面，配套建立以项目为核心的激励约束机制，从考核与兑现层面推动项目管理运行机制的有效落实。

12.1.2.3 管理体系优化

由于工程公司项目管理要求的提高，公司原有的制度标准化管理体系需要根据转型发展的需要进行全面升级。为此，公司在原有制度标准化管理体系的基础上，以项目管理体系为核心重新构建公司管理体系，完成管理体系优化的顶层设计。同时，根据转型发展工作的需要，重点突出、平稳有序地开展各项管理文件编写工作，完成项目管理系统管理文件的编写及运营管理系统内薪酬管理、绩效管理子系统的管理制度编制工作，使转型发展工作及管理机制的优化落实到制度流程中，为转型发展提供制度保障。

12.1.3 试运行及持续改进阶段

随着各项转型发展重点工作的完成，转型正式进入试运行阶段。公司进行了国内市场 22 个片区项目经理的选聘，选取勘察、设计、总承包和监理业务等 7 个项目进行分类试点，采取项目经理负责制和项目全成本核算模式。将试运行发现的问题和收获的经验融入转型发展工作中，完善相关管理体系，坚持转型顶层设计与管理实际的有机结合，确保改革举措取得实效。

12.2 主要措施

12.2.1 完善转型发展顶层设计，明确转型发展总体思路与目标

12.2.1.1 总体思路

牢固树立"市场是根、服务是魂、技术为先、效益为本"的发展理念，着力提升管理水平和服务质量；以项目管理为核心，加强工程管控能力建设；调整组织机构，转变项目管理运行模式，完善配套管理体系和人才队伍，加快由单一功能设计院向具备较强项目全过程管理能力的工程公司转型发展；加快国际市场的开发，积极跟踪和进入新兴业务领域。

12.2.1.2 总体目标

力争在"十四五"末建成国内一流工程公司，工程总承包营业收入占比达到 80% 以上，海外业务占比达到 30% 以上，国内勘察设计行业工程项目管理和总承包完成合同额排名前 50 名。基本建成国际知名的工程公司，进一步提高全体员工的满意度和幸福指数。

12.2.1.3 工作原则

（1）总体规划、分步实施原则

根据未来市场和业务发展规划，统筹设计协调实施方案，协调推动组织机构、人力资源、管理体系首先调整到位，为项目管理体系优化和项目管理模式转变

工作提供必要的组织、人力资源及制度保障。

（2）坚持以市场为导向原则

以业务规划为基础，系统推进转型发展，进一步明晰未来市场规划和重点业务发展方向。以市场为导向，系统优化工程公司资源配置，做大做强"EPC工程总承包、勘察设计、技术研发"等主营业务，打牢转型发展根基。

（3）注重质量和效益原则

将实现利润目标放在重要位置，建立健全公司级责任中心和项目级绩效考核管理体系，扩大"量化"考核范围，完善以项目为利润单元的绩效激励约束机制，着力提升项目盈利能力和项目管理水平，打造项目成为公司的利润中心，持续提升公司发展质量和效益。

（4）坚持权责对等、精干高效原则

注重职能优化，压扁管理层级，明确各级定位与职责，厘清管理界面，优化管理流程，配套制度体系建设和考核激励机制，优化人才结构，建设精干高效的队伍，提升综合管理效率。

（5）规范可控原则

明确职能部门的监督职能，并根据主要业务的工作流程，针对重要节点设置监督点，工程公司组织机构和管理体系的建设同步设计，构建有效的风险防控体系。

12.2.2　全面优化组织结构，为转型提供组织保障

组织结构优化是转型的关键保障。对标国内成熟的一流工程公司，以项目管理需求及效益最大化为出发点，借鉴"军委管总、战区主战、军种主建"的思路优化组织结构，开展组织机构再造，实施扁平化管理，减少管理层次，重点完善以项目管理为核心的公司组织架构。形成了公司决策管理层（公司领导与职能部门、项目管理部门）管总、项目部主战、专业设计所室主建的组织结构，项目部为项目全过程管控责任主体，专业所室为项目人力资源与技术支持中心，将公司运营管控重心和资源配置等，全部聚焦到以单项目或项目群为独立经营核算单元的全过程。

项目管理机构方面，从运行管理部管勘察设计项目、项目管理中心管总承包项目的多头管理部门设置，改为按照项目全过程管理专业化设置项目运行部、计划控制部、设计采办部、施工管理部、综合办公室等专业化项目管理部门，实现勘察、设计、总承包项目全过程统一管理及协调，实现国内、国际市场的统一管理。

设计专业机构整合方面，以项目管理模式转型为根本，以市场需求为导向，借鉴国际工程公司的模式，改变以综合室为龙头、专业室配合的"直线式"项目管理模式，优先解决专业设置与项目运行之间的主要矛盾，遵循"有利于专业人才的培养和使用、有利于专业技术的发展和有利于技术质量管控"的原则，进行系统优化整合，共涉及 9 个设计所室、15 个专业、120 余人。通过将相同专业、相近相似专业进行整合，强化配管专业建设等，优化和强化了专业人力资源配置，减少了专业工作界面，形成了专业技术中心，为公司转型发展提供强有力的技术支撑。

通过公司组织结构的调整，既实现了公司层面项目运行的统一管理，也实现了设计、总承包业务的一体化管理，有利于充分发挥设计在总承包业务中的龙头作用。

12.2.3 完善以项目管理为核心的制度标准化管理体系建设，为转型提供制度保障

制度标准化管理体系是公司项目管理体系、人力资源管理体系、内控管理体系、全面风险管理体系、QHSE 管理体系及六大制度体系等管理体系的有机整合，是公司内部指导各项工作开展的法典，是转型的基础保障。面对转型发展的总体目标要求，在原有 10 大管理系统 58 项管理子系统的制度标准化管理体系基础上，以项目管理体系为核心重新构建公司管理体系，梳理形成由运营管理系统和项目管理系统两大系统组成，涵盖 22 个子系统、88 项管理模块的公司新版制度标准化管理体系大纲。一方面，新版管理体系突出了项目管理的核心地位，形成了以项目为中心的一致性认识。另一方面，对项目管理系统的内部结构进行重新设计，摒弃以往设计、总承包项目独立且脱节的管理制度体

系模式，改为投标、设计、采购、施工、开车、控制管理融为一体的项目管理体系架构，也为项目管理模式转变后设计、总承包项目的一体化管理提供有力的制度支撑。

围绕组织结构的变化，梳理公司职能管理部门、项目管理机构及专业所室定位，明确公司级、项目级责任体系，编制公司组织管理手册和项目组织管理手册，使组织结构的优化与管理流程融为一体，以管理体系确保组织权责清晰，以组织结构确保管理流程通畅。在此基础上，围绕转型工作重点，对转型工作的各项内容进行细化分解，使转型发展工作及管理机制的优化落实到制度流程中，编制完成三大类、167项管理体系文件，其中基础管理类10项，项目管理体系135项，绩效与薪酬管理体系22项。以项目经理负责制为主要特点的项目管理体系及配套绩效薪酬管理体系初步建立，标志着管理体系优化的顶层设计完成，为改革转型提供了制度保障。

12.2.4 实现向以矩阵型项目管理为主项目经理负责制的项目管理模式转变

根据公司总承包项目、勘察设计项目、监理项目发展现状和特点，在项目管理模式上采取差异化管理。对总承包项目和大型勘察设计项目采用强矩阵型项目管理模式，项目经理负责制；对中小型项目群（勘察设计等），采用矩阵型管理模式，设立区域项目部；对监理项目，采用职能型管理模式。

发布《项目管理模式转型实施方案》，明晰了项目经理责权利和项目管理全过程各级组织角色的定义与分工。项目执行责任主体由专业所室转到项目部。专业所室定位转变为专业技术发展中心及人力资源中心，项目部从"职能式"管理模式下的项目协调中心转化为真正承担项目运行责任的执行中心，由项目经理替代所室负责人成为项目运行的第一责任人，项目经理在项目期间由项目管理部门直接管理，项目成员在项目期间以项目经理管理为主。矩阵式管理的实现有利于专业间协调、有利于总承包项目的设计协调、有利于项目经理负责制的落实，也有利于公司项目管理部门对项目的全面管理。

12.2.5 建立和优化导向清晰的激励与约束机制

以项目为核心的绩效考核与薪酬管理机制是转型发展的关键内容与核心保障，在项目管理模式方案确定的基础上，对公司绩效考核体系重新进行了全面、系统、科学的设计与优化，厘清职责，加强绩效考核，确保转型目标落地。

12.2.5.1 建立以项目为核心的绩效考核体系

以效益为导向合理划分公司责任中心主体，单项目和项目群为利润中心，为项目提供技术智力和人力支持的专业部门为项目直接成本中心，职能部门和服务保障部门为项目间接成本分摊中心（公司运营成本管控中心）。根据责任中心的定位和考核对象不同，划分责任中心类别，作为绩效管理板块划分的基础。建立健全绩效考核指标体系，合理设计与各层级职责相匹配的考核指标和标准，实现重点突出、绩效目标清晰、导向明确、责任落实，做到责权利对等。划小考核单元，以项目为核心，强化对单个项目绩效的考核，细化完善单项目全成本核算体系，实行创收单位与创收项目"双向"全成本核算的绩效考核体系。

12.2.5.2 优化以项目为核心的薪酬结构设计，加大量化考核发放绩效工资比重，建立以项目部为经营主体的公司内部交易市场

建立岗位绩效奖金水平定额标准，规范层级分配关系，实行差异化分配，分配向创效单位、关键岗位、一线艰苦岗位和贡献大的单位、人员倾斜，严考核、硬兑现，非项目板块与项目板块薪酬挂钩。加大项目在薪酬分配中的权重，强化项目话语权。项目板块工资总额预算不低于公司年度工资总额的70%。加大绩效量化考核和绩效奖金浮动比例，工资总额中纳入考核发放的绩效奖金占比不少于50%，绩效奖金总额中不少于70%用于项目板块，项目经理全权负责项目的内部分配。

建立完善以项目部为经营主体的公司内部交易市场，确立项目在内部市场化运行机制中的核心地位，推行项目经理负责制的项目经营承包试点，实行项目的"工效挂钩"联动考核机制，逐步实现项目的自负盈亏，个人收入与项目盈利、亏损目标联动，激发内部干事创业的新活力，推动项目管理模

式的实施。公司运行管理部为项目发包人，项目经理经授权成为项目承包人，各专业所室成为项目人力资源输出服务商。以单项目为公司基本创效核算单元，授权项目经理代理项目部"甲方"，"直接乙方"为公司项目板块覆盖的各专业部门（专业技术机构、项目管理专业机构），为项目提供专业技术及人力资源服务。"间接乙方"为非项目板块的职能部门和生产保障部门，按照职责分工为项目部提供管理、协调和服务。项目经理负责组织项目管理团队，执行项目合同，实现项目经营业绩目标，并对提供技术和人力支持的"乙方"部门的服务质量和水平进行考核。公司内部市场的甲乙方的绩效收益均与项目盈利能力和关键业绩情况密切相关，共同构建公司内部项目市场化运行机制。

12.2.6 加强项目管理队伍建设，做好人才储备

对标国内一流工程公司，展望公司未来发展，公司现有的项目经理团队人员数量和综合能力素质均存在较大差距。因此，项目经理的选拔培养是公司未来几年人才队伍建设的重点工作。鉴于项目经理培养难度大、培养周期长，必须做好项目经理的培养、选拔规划，以充分挖掘内部人力资源潜力为主培养选拔项目经理，通过已有项目经理的"传、帮、带"、多岗位轮训、不同项目锻炼等措施，建立一支综合能力强、综合素质高的项目经理团队，并通过建立有效的项目考核和激励机制，促进项目经理的成长。

公司目前在计划、费用、材控、质量、施工等专业工程师方面存在较大缺口，需要逐步地健全专业工程师队伍，实现工程项目管理从粗放式向精细化转变，实现项目全成本核算和有效过程管控。各类专业工程师的选拔培养以内部挖潜为主、适量外部聘用为辅，通过建立项目管理职业发展通道引导专业技术人员转向项目管理岗位。对具有向专业工程师转变潜力的优秀勘察设计人员进行双向培养和发展，依托项目培养出一批设计和管理双向发展的复合型人才，满足公司对专业工程师的迫切需求。经过努力，初步建立了一支200人左右的项目管理专业人员队伍，发挥了较好的作用。

12.2.7 创新项目预算与核算体系，建立以人工时定额为基础的项目人工时管理机制及项目全周期成本核算机制

全面建立以项目为核心的全成本核算体系，通过项目管理模式转变的试运行，推进公司项目管理模式的优化，着力推行项目经理负责制，落实项目管理责任主体责权利，形成以矩阵型项目管理为主的项目管理模式，打造项目成为公司成本管控中心与利润中心。

为提升项目效益水平，需要对各类项目成本进行量化管理，而对于专业技术人员而言，核心成本项为人工成本，因此，真实测算项目成本就必须对项目投入的人工时有准确的衡量标准。为此，公司组织大量人力编制《人工时管理办法》，以合理确定项目人工成本，实现项目运行与绩效考核的量化管理。人工时定额体系涵盖勘察、设计、数字化集成、总承包、监理、信息等各专业，共34章98200条定额，范围更广、指标更细，为项目管理模式转型提供了有力保障。

以人工成本为重点，建立项目全成本管理体系，从项目投标阶段开始，通过公司内部成本定额体系测算公司完成项目的真实成本水平，并以此为基础确定投标价格、项目目标责任成本、项目利润目标等，作为项目业绩考核的重要依据。

人工时定额及项目全成本管理是公司各类项目成本管理的重要基础工作，也为准确衡量项目效益、对项目进行量化考核和奖励提供基础数据。

12.3 创新方式方法

12.3.1 强化对标追标调研，确保转型实施可行性

2012年起公司就组织了针对国内一流工程公司的对标追标调研工作，希望通过对勘察设计行业内的成功转型企业调研吸取经验，寻找公司转型升级的发展路径。经过公司反复对比遴选，最终选定中国成达工程有限公司、中国石化工程建设有限公司、中石化洛阳工程有限公司三家分别处于系统内外的国内一流工程公司作为调研对象，由公司领导带队，各主要部门的负责人全程参与，

与各调研单位进行充分的沟通和学习，深入了解各标杆企业的管理方法，把调研做到实处。并在后续的工作中，多次组织相关部门到成达公司调研，就遇到的新问题进行交流和学习，确保转型发展工作少走弯路。在开展对标追标工作的同时，组织公司内部大范围研讨，针对现有的项目管理模式、组织结构、专业设置及人才队伍建设等方面进行深入的自我剖析，毫不避讳地提出问题，为后续转型发展工作的顺利开展打好了基础。

12.3.2 运用项目管理思维，对公司转型发展工作任务实施项目管理

转型发展工作是公司的重点工程，但与此同时公司的生产经营任务依然繁重。既要全面保障转型发展工作的稳妥推进，又不能对公司的日常生产造成较大影响，传统的"集中办公"等方式并不适用。因此借鉴项目化管理思维，创新性地以转型发展项目部的形式推进工作，相关参与人员实现矩阵式管理，以项目工作分解结构、组织分解结构为基础制定工作计划，重点关注项目进度管理和项目质量管理，确保转型发展项目的有序推进。

首先，公司组织相关人员对转型发展工作进行详细的工作分解，明确了以组织结构优化、管理体系优化和管理机制优化三大部分工作内容为主要工作范围，确定了总体策划、转型方案实施、试运行与持续优化改进三个阶段性工作计划。

其次，匹配工作分解结构，设计组织分解结构，成立由公司领导班子、各责任部门负责人组成的转型发展领导小组，负责转型工作的总体领导和决策，通过公司主要领导挂帅有力地推动项目进行。领导小组以下成立转型发展项目部，由经营管理部牵头，从各部门抽调管理精英60余人，成立各专业工作组，负责相应部分工作的全面管理、组织和协调，以及各类管理文件的策划、起草与宣贯。

再次，以工作分解结构和组织分解结构为基础，转型发展项目部制定了总体工作计划，作为项目执行的核心依据。明确了转型的主要工作内容与职责分工、时间计划及目标要求，对转型发展工作任务进行详细的工作分解与组织分解匹配，具体到责任部门和责任人及完成时限，识别一般任务与核心任务，有重点、

分批次地推进。

最后，为保障项目按计划、保质量地推进，项目部制定了工作计划过程管理要求。鉴于转型发展工作的长周期与高难度，项目领导小组、工作组及各专业组、编写组建立了项目周例会机制，每周汇总工作进展情况集中上报公司项目领导小组，并对当期存在的问题提出后续工作改进方案，以加强计划管理与过程监督，保障工作按计划开展。同时明确各项工作的编制（策划）、审核、专业组评审、领导小组审议等质量控制程序，确保各项工作质量满足转型发展要求。

12.3.3　转型发展策划实施与思想动员同步，实现转型"知行合一"，打牢转型发展基础

为切实实现观念转变，统一思想认识，营造良好的转型发展氛围，引导员工做转型发展的宣贯者、倡导者、示范者，积极应对公司转型带来的全新变化，确保以项目管理为核心的转型工作的顺利推行和实施，公司组织开展了多样化的思想动员工作，取得了"统一思想、凝聚共识、坚定信心、共谋发展"的效果。

在策划阶段，组织开展了向工程公司转型的专题宣传与大讨论活动，将转型发展材料下发到每位员工手中，组织宣讲团到各单位开展宣讲活动，将转型发展的目的与意义和员工交流探讨，打好转型发展的思想基础。

在实施阶段，多次组织职工代表团长联席会对转型发展核心文件及方案进行研讨，通过讨论发现问题，也向各级职工代表传达公司转型发展工作的进展情况。在公司内网上发表系列文章对转型发展工作进行连篇报道，引起了公司广大员工的极大兴趣，文章阅读量远超员工在职人数，为转型发展工作的推进提供了群众支持。

在试运行及持续改进阶段，公司组织运行管理部对转型发展成果进行宣贯，重点讲解项目管理模式变化、管理体系文件及配套激励与约束机制，在项目管理人员、专业所室间引起广泛的讨论，得到了职工的好评。在将转型发展成果展示的同时，在公司主页开通了"转型问与答"专栏，为试运行工作的顺利开展和后续持续改进工作的铺开扫清了障碍。

13　战略转型的支撑工作

13.1　项目管理信息化

为深入贯彻落实公司战略转型过程中结合项目管理模式转变制定的一整套项目管理制度体系，公司以实现项目管理信息化为目标，分阶段地逐步推进信息系统建设工作。

首先，公司系统开展流程梳理工作。在项目管理制度体系建设的基础上，为了给项目管理信息系统建设做好支撑，公司将所有项目管理流程、表单进行系统梳理，共梳理项目管理流程200多项，相关表单400多份，也为项目管理信息系统建设准备好了需求清单。

其次，公司从原有设计项目管理系统入手，按照转型后的勘察设计项目管理模式，对设计项目信息系统按新流程进行重构，在系统内将项目经理的权限、职责明确，将其赋予到各流程中，把项目经理的核心地位通过系统进行固化。同时，基于公司人工时定额体系的优化和全成本管理体系的建设，对所有设计项目实现项目人工时及成本策划的信息化管理，进一步夯实设计项目管理模式。

最后，在管理最复杂的工程总承包项目管理中探索信息化系统建设，将线下主要流程逐步转移到线上，通过制度标准化、标准流程化、流程信息化将总承包项目管理的关键环节及管控要求固化，也通过信息系统强化制度的执行。

13.2　绩效管理信息化

公司在转型过程中围绕公司级组织绩效考核、项目绩效考核等制定了一系列制度文件，如对公司级组织考核划分了职能管理部门、专业技术机构、项目管理机构、市场开发机构、独立核算机构、生产辅助机构等六大类，并针对各类机构设置了相应的考核指标，明确了考核关系、考核方法等内容，形成了100多项管理指标。从年初的业绩合同制定到年底的年终考核兑现，主要通过各科室自行考核打分、人工统计，再由纸制或邮件等人工操作方式进行报送，绩效考核过程和结果采集，均无法避免人为干预，统计结果准确性、时效性差，不利于考核结果的查看、公布，历史的绩效考核数据统一管理等，一定程度上影响了绩效考核在经营管理过程中发挥的作用。信息化系统建设，能够提高绩效考核透明度，增加考核结果的准确性、及时性、客观性和公正性。为此，公司组织开发了绩效管理系统，在系统中将所有绩效考核流程、指标库、指标计算、业绩合同形成、考核、数据归档等环节悉数实现信息化。

除组织绩效考核外，项目考核由于涉及公司运行的1000多个项目，项目数量多且差异大，进行项目考核全靠人工操作难以保障及时性和准确性，也就无法实现对项目的准确评价。为此，公司在设计项目管理的基础上进一步开发了项目考核系统，将设计项目考核搬到线上，并与前期的项目人工时策划等工作实现联动，对项目考核的及时性以及结合成本控制的准确性都得到了极大的提升。

13.3 经营管理信息化

公司经过转型发展，业务已涵盖总承包、勘察、设计、监理、项目管理等不同业务类型，各业务板块长期专注各自发展，已具备完善的业务管理流程。但是由于资源分散、业务链分割等原因，涉及公司经营管控集成各阶段、各层级的经营数据分散于各独立业务系统内，没有形成集中的、覆盖全过程的经营大数据信息系统。为了及时准确地反映以项目为核心的企业经营数据现状，需要建立以项目为核心，以合同为主线，涵盖经营管控各阶段、各层级基础数据的经营大数据集成管理信息平台，使沟通及时准确、信息充分共享，来辅助各级领导进行决策，改善公司经营状况。

公司经营大数据平台从功能上来说包括基础数据采集、集成绩效考核、经营决策分析、市场开发系统、应收账款管理、投资计划管理、知识管理等模块，通过经营管理信息化建设，实现：

（1）建立经营大数据集成管理采集平台，构建经营大数据，实现业务数据的统一汇总。

（2）实现从项目启动、项目投标、项目运行管理、项目关闭全过程信息化管理。

（3）实现所有运行项目的进度、成本、收入数据即时调取，同时实现项目资料网上查阅。

（4）建立和合同系统、财务、一体化平台等各已有系统间的数据接口，做到所有基础数据一次录入，多个系统共享调用，减轻工作量。

（5）实现以项目为核心的预算、收入、支出等各项基础经营数据采集。

（6）集成公司绩效考核管理系统，实现公司绩效考核管理的公正、公开、透明化、信息化管理。

（7）实现项目收入的开票申请、挂账以及回款管理，实现项目运行过程中的应收账款管理。

（8）实现通过经营大数据集成管理平台采集的经营基础数据各种口径的计算、汇总统计分析，实现经营决策分析功能，便于领导及时快速地获取和掌握经营管理中的各项数据。

14 实施效果

14.1 管理效益提升

14.1.1 公司治理结构和管理关系进一步理顺，适应工程公司的管理体制与运行机制已基本建成

通过优化组织职能定位和理顺管理流程，公司的工程公司组织体系架构基本形成，公司、项目部、所室之间的责权利清晰，更适于工程公司模式下的业务开展，更有利于项目的履约。公司组织机构主要包括机关职能部门、项目管理机构、设计专业机构、技术研发机构、生产辅助机构及项目部六大类。

14.1.2 建立了以项目管理为核心的工程公司决策与运行机制

以项目管理全过程管理为重点，全面建立以项目管理体系、薪酬管理体系、绩效管理体系为核心的制度标准化管理体系。以项目管理体系指导项目运行管理，以薪酬管理与绩效管理体系激励项目团队挖潜增效。依靠覆盖项目管理与运营管理两大系统的制度标准化管理体系，逐步建立单项目级到公司级的量化决策支持体系，适应工程公司管理需要的制度体系得到了系统集成与优化。

14.1.3 公司项目全过程管理能力显著提升，企业发展新活力显著激发

形成了一套结合公司实际需求、适用于项目全过程一体化管理的项目管理体系文件和项目运行管理机制，规范了项目从投标到收尾各工作事项的管理流程，基本实现项目管理制度化、制度流程化、流程表单化的项目精细化管理制

度基础，配套建立了人工时定额体系、项目全成本管理体系等，公司项目全过程管理能力显著提升。

通过向工程公司转型发展的工作目标的实现，公司员工对工程公司全过程项目管理模式的认知逐渐深入，以项目经理负责制为标志的项目管理模式转型发展理念已形成共识，责任意识、服务意识与全成本意识明显提升，全员促生产、闯市场的内部氛围基本形成，公司治理能力得到有效加强，生产劳动效率大幅度提高，企业发展新活力显著激发。

14.2 经济效益提升

14.2.1 转型后公司业务范围的扩大提升了公司经济总量与经济效益

由单一勘察设计业务为主拓宽到可承接项目管理、采购、施工管理、开车服务及工程承包等工程建设各业务领域，拓宽了企业发展空间和效益增长点。公司转型后第二年企业营业收入中勘察设计业务收入约占33%，工程总承包业务收入约占59%。在市场寒冬期工程建设领域投资锐减、工程量大幅度下滑的情况下继续保持盈利发展势头，其中工程总承包业务利润贡献率约占70%，盈利能力显著提升。

14.2.2 项目经营能力和盈利水平显著提升

通过建立单项目进度、全成本核算等的考核与激励机制，项目团队的自主经营意识更强，项目运行效率与质量大幅提高，有效促进项目成本的降低和利润的提升，项目创效能力显著增强。在招标投标作为市场主要发包方式的背景环境下，市场竞争进一步加剧。在勘察设计市场收费价格普遍降低20%左右、项目利润空间明显下降的情况下，公司战略转型后勘察设计业务平均毛利率19%，总承包业务平均毛利率7%。与往年同期相比，公司勘察设计业务毛利率基本维持稳定；总承包业务毛利润总额与毛利率均实现大幅增加。良好的服务意识和运行质量也赢得了业主更多的认可，全员市场意识形成，有力地推动了公司市场业务的增长。

14.2.3 项目管理专业队伍规模得到快速增长，公司 EPC 项目承接和运行能力不断提升

受益于转型后业务范围拓宽与功能转变需求的拉动，公司项目管理队伍建设取得明显成效，项目采购、计划控制、施工管理、合同管理等项目管理专业人员由转型前的不到 50 人快速增长到近 200 人，项目管理专业人员数量占比由 4.2% 上升为 8.3%。项目管理专业机构、专业人员和管理体系等基本资源的到位和不断加强，进一步夯实了工程总承包业务能力基础。目前公司基本具备年可运行中大型 EPC 总承包项目（合同额在 5 亿—10 亿元）5—8 个的能力，总承包业务收入占公司营业收入可超过 70%，EPC 业务利润贡献率不断攀升，公司经济总量和效益水平有望继续提升。

14.3 社会效果提升

公司工程建设全过程服务能力的逐步增强，进一步为国家和业主节省投资、缩短建设周期、提高服务质量，推动石油天然气工程建设行业服务水平的整体提升。

随着公司业务能力的提升，公司的工程总承包业务稳定增长，行业排名和企业声誉同步提升，连续保持全国勘察设计企业年 EPC 业务营业收入排名前 100 名，直接助力了公司的市场开拓和业务发展。

参考文献

[1] 陈曦. 美国为何成为逆全球化的重要推手 [J]. 世界知识，2020（3）: 7-7.

[2] 张春雨，贾旭东. 搭好"工程工程包"唱戏的舞台——构建工程公司组织结构的路径分析 [J]. 建筑设计管理，2017（11）: 15-17.

[3] 张春雨. 别人家设计院的组织结构是怎么变的——勘察设计企业组织结构优化案例集成分析 [J]. 建筑设计管理，2018（4）: 23-25.

[4] 郭刚. 新时代勘察设计企业创新管理应从何抓起？[J]. 中国勘察设计，2018（6）: 56-59.

[5] 刘芳. 提高我国工程总承包企业总承包能力的研究 [D]. 北京交通大学，2007.

[6] 李元庆. 工程总承包管理价值研究 [D]. 大连理工大学，2016.

[7] 柴红星. 大型工程项目施工总承包问题研究 [J]. 中华民居（下旬刊），2012,06（No.47）: 48.

[8] 王双平. 浅谈石油化工 EPC 总承包存在的问题及对策 [J]. 大众科技，2006（6）: 106-107.